Gedanken zu einer realistischen Friedenslösung zwischen Palästinensern und Israelis

LOTHAR HÖHN

Gedanken zu einer realistischen Friedenslösung zwischen Palästinensern und Israelis

Wie aus einer Konfliktregion
ein »Heiliges Land« werden könnte

Bibliografische Information der Deutschen Nationalbibliothek
Die Deutsche Nationalbibliothek verzeichnet diese Publikation in der
Deutschen Nationalbibliografie; detaillierte bibliografische Daten sind im
Internet über http://dnb.dnb.de abrufbar.

Satz, Umschlaggestaltung, Herstellung und Verlag: BoD – Books on Demand
ISBN 978-3-7386-6158-3

Inhalt

Vorwort   7

Gedanken zu einer realistischen Friedenslösung zwischen
Palästinensern und Israelis
Wie aus einer Konfliktregion
ein »Heiliges Land« werden könnte   9

Die Ursachen für den Konflikt verstehen   11

   Warum und wie es zur Gründung eines jüdischen Staates
   in Palästina gekommen ist   11

   Warum und wie es zu keinem palästinensischen Staat
   in Palästina gekommen ist   14

   Konflikte, die das starke Sicherheitsbedürfnis der Israelis
   genährt haben   16

Bemühungen um eine Friedenslösung im Nahen Osten   25

Gründe für das Scheitern der Friedensbemühungen   34

   Vorschläge von Friedenslösungen, die sich bis jetzt
   als illusorisch erwiesen haben und erweisen   42

      Die Zweistaatenlösung   44

      Die Dreistaatenlösung   48

         – Aus der Sicht der Fatah   49

– Aus der Sicht der Hamas 50

– Aus israelischer Sicht 50

Wie so mancher neutrale Beobachter des Konflikts
die Situation einschätzt 52

Wie es zu einer realistischen und vernünftigen
Friedenslösung kommen könnte 55

Grundgedanken, die für das gegenseitige Verständnis
relevant sind 58

Verständnis der Palästinenser für die Israelis 58

Verständnis der Israelis für die Palästinenser 60

Grundgedanken einer realistischen Friedenslösung 61

Nachwort 71

Quellenverzeichnis 72

Vorwort

Irgendwo las ich einst, dass alle, die originelle Gedanken zur Lösung des Konflikts zwischen den Israelis und den Palästinensern hätten, sie veröffentlichen sollten. Da ich seit meiner frühesten Jugendzeit diesen Konflikt mit Spannung und großem Interesse als neutraler Beobachter verfolge, wage ich es, meine Gedanken zur Lösung des Konflikts, die mir vor allem in den letzten Jahren hierzu gekommen sind, zu veröffentlichen.

Nun gibt es bereits eine Fülle von Veröffentlichungen, die sich mit diesem Thema auseinandersetzen. Trotzdem glaube ich, dass diese Darlegungen doch noch ihren Platz in der allgemeinen Friedenslösungsdiskussion finden und eine Ideenlücke schließen.

Trotz aller ernsthaften Bemühungen um zu einer von beiden Seiten akzeptablen Lösung zu kommen, ist es jedoch den Politikern, Diplomaten usw., welchen Ländern sie auch angehören mögen, bisher nicht gelungen, zu einer dauerhaften Friedenslösung in diesem Gebiet zu kommen. Was steht dem in Wege, und wie könnte es bei einer realistischen Betrachtung der verzwickten Lage doch noch zu einer von beiden Seiten annehmbaren *Zweistaatenlösung* kommen? Wie könnte diese unter den gegebenen Umständen zustande kommen und worin könnte sie dann nur bestehen? In der vorliegenden Arbeit wird versucht, realistische Antworten auf diese brennenden Fragen zu finden, indem von einem ganz anderen Ansatzpunkt ausgehend ein positives Ergebnis erreicht werden könnte.

Damit Leserinnen und Leser, die nur hin und wieder in den Nachrichten etwas von dem Konflikt mitbekommen haben, sich aber ansonsten nicht groß dafür interessiert haben und dann oft übereilt die eine oder andere Seite verdammen, damit etwas vorsichtiger werden, werden im ersten Drittel dieses Buches des allgemeinen Verständnisses wegen die geschichtlichen Ereignisse, die diesen

»gordischen Knoten« entstehen ließen und für die Ausführungen, die sich anschließen, relevant sind, kurz erwähnt. Dabei stütze ich mich hauptsächlich auf verlässliche Quellen im Internet.

Ein weiterer Teil dieser Abhandlung beschäftigt sich mit den Gründen, die zum Scheitern aller Friedensbemühungen führten und führen mussten. Von all den gewonnenen Erkenntnissen ausgehend wird im letzten Teil eine Lösung des Konflikts erarbeitet, wie sie meines Erachtens von einer neutralen Einschätzung der Situation nur möglich sein kann. Wenn der größte Teil der israelischen Bevölkerung und deren Politiker an einer echten Friedenslösung interessiert sind, bei der die Sicherheit Israels garantiert ist und wenn der größte Teil der Palästinenser und deren Politiker in einem separaten Staat mit Israel friedlich koexistieren und kooperieren möchten und den Wohlstand der gesamten Bevölkerung in ihrem Land zu mehren wünschen, müssten beide Seiten an einem solchen hier vorgeschlagenen »Deal« eigentlich stark interessiert sein.

Auf alle Fälle sollten wir Erdbewohner an einer dauerhaften und realistischen Lösung des Konflikts mehr als bisher interessiert sein; denn es kann zurecht befürchtet werden, dass bei einer nicht baldigen Lösung des Konflikts die Spannungen der Kontrahenten so zunehmen, dass sie zu einem Ergebnis führen, das gewiss nichts Gutes für den gesamten Erdkreis erahnen lässt.

Gedanken zu einer realistischen Friedenslösung zwischen Palästinensern und Israelis

Wie aus einer Konfliktregion ein »Heiliges Land« werden könnte

Gibt es überhaupt eine dauerhafte Friedenslösung für den äußerst komplizierten Konflikt zwischen Israelis und Palästinensern? Diese Frage stellen sich Politiker und neutrale Beobachter, die sich mit diesem Thema und der damit verbundenen Problematik beschäftigen, immer häufiger. Gründe, die diesen Pessimismus entstehen lassen, gibt es genügend. Da alle bisherigen Versuche, den Konflikt friedlich und zum Teil auch kriegerisch zu lösen, gescheitert sind, braucht es keinen zu wundern, wenn sich eine gewisse Ausweglosigkeit breit macht, wenn Ratlosigkeit herrscht. Der Graben, der beide Völker trennt, scheint unüberbrückbar zu sein. Nur hier und da konnten von beiden Seiten ein paar Zugeständnisse gemacht werden, die das praktische Miteinander betreffen. Zwei Völker beanspruchen das »Heilige Land«, das dem Namen eigentlich nicht gerecht wird und eher den Namen »Krisenland« oder »Konfliktland« tragen sollte.

Nun hat niemand das Recht, die eine oder andere Seite zu verdammen; denn damit wird der Konflikt nicht gelöst; außerdem bringen Schuldzuweisungen nichts! Es gilt hier vielmehr, soviel wie möglich Verständnis für die eine und andere Seite aufzubringen und die geschichtlich gesetzmäßig zustande gekommene Situation als Basis für eine eventuelle Konfliktlösung zu betrachten. Ein wichtiger Grund, weshalb alle Friedensbemühungen scheitern mussten, liegt wohl auch darin, dass es Politikern bisher hauptsächlich darum gegangen ist, nach einer politischen Lösung zu suchen, ohne die theologischen, psychologischen, soziologischen und philosophischen Aspekte genügend zu berücksichtigen. Schließlich kann man nicht mit dem Dach (politische Lösung) zu bauen anfangen, wenn das Fundament und der darauf basierende Bau nicht vorhanden sind. Deshalb müsste von der Völkergemeinschaft ein Friedensplan erdacht werden, der beide Völker begeistert und die sich dann sagen: »Das versuchen wir!«

In den folgenden Ausführungen verzichte ich darauf, einen ausführlichen geschichtlichen Überblick beider Völker zu geben. In diesem Zusammenhang werden hauptsächlich nur kurz historische Fakten erwähnt, die als Basis für das Verständnis des Nahostkonflikts dienen und für die Reflexion zur Lösung des Konflikts relevant sind.

Die Ursachen für den Konflikt verstehen

Jemand, der in der religiösen Welt nicht beheimatet ist, fällt es sicherlich schwer, sich in die religiöse Welt der Muslime und der Israelis hineinzudenken. Da der größte Teil der Palästinenser Muslime sind und der größte Teil der Israelis dem jüdischen Glauben angehören, spielt es jedoch bei der Suche nach einer Friedenslösung, die dauerhaft sein soll, eine entscheidende Rolle. Hier ist auf religiöse Gebräuche, Kultstätte, religiöse Sehnsüchte etc. Rücksicht zu nehmen.

Warum und wie es zur Gründung eines jüdischen Staates in Palästina gekommen ist

Jeder, der die Geschichte Israels vor allem aus dem Alten Testament kennt, weiß, wie ihre Vorfahren in das Land Kanaan, in das heutige Palästina, gekommen sind und da um 1500 v.Chr. allmählich anfingen, ihr Reich zu gründen. Nachdem der bekannte König David die Einwohner Jerusalems, die Jebusiter, besiegt hatte, machte er Jerusalem zur Hauptstadt. Zudem ließ er die Stiftshütte sowie die Bundeslade, d.h. die israelitischen Heiligtümer, nach Jerusalem holen, wodurch Jerusalem auch zum Zentrum der israelitischen Gottesanbetung wurde. Zur Ehre des Gottes Jahwe ließ sein Sohn Salomo einen Tempel in Jerusalem bauen, der im Jahre 955 v. Chr. eingeweiht wurde. Dieser Tempel wurde jedoch von den Neubabyloniern 587/586 zerstört. Ein großer Teil des Volkes – vor allem die Elite – kam ins Exil. Erst als die Möglichkeit bestand, aus dem Exil zurückkehren zu können und viele davon Gebrauch machten, wurde der Tempel 520 v. Chr. wieder aufgebaut. In den Jahren 20/19 v. Chr. hat Herodes den Tempel so umbauen lassen, dass er in die Geschichtsschreibung als »Herodianischer Tempel« eingegangen ist. Dieses Prachtwerk wurde von den Römern unter Titus

70 n.Chr. zerstört. Nur eine Mauer, die sogenannte Klagemauer, an der die Israelis heute noch an ihren einstigen Tempel erinnert werden, ist erhalten geblieben. Sie ist nun die bedeutendste Stätte der Anbetung der Israelis geworden.

Wenn es auch aufgrund geschichtlicher Ursachen zur Zerstreuung des jüdischen Volkes gekommen ist und es keinen echten jüdischen Staat mehr in dem heutigen so genannten Palästina geben konnte, so ist doch zu beachten, dass es nie eine Zeit gegeben hat, in der keine Juden in dieser Gegend gelebt haben. Sie teilten sich diesen Landabschnitt mit anderen Bewohnern – vorwiegend mit Arabern und einem geringeren Anteil von Christen.

Theologisch gesehen haben die Juden Palästina immer als ihr »gelobtes Land« angesehen, dass ihnen ihr Gott Jahwe gemäß ihrer religiösen Schriften einst zuerkannt hat. So ist auch die Hoffnung, als Masse in das Land zurückzukehren, erhalten geblieben. Theodor Herzl, der als Begründer des politischen Zionismus angesehen wird, konnte sich drei Gebiete vorstellen, in denen ein »Judenstaat« hätte gegründet werden können, in Uganda, in Argentinien oder in Palästina. (1); die Idee von Uganda und Argentinien hat er wohl schließlich fallen lassen und sich diesen Staat nur noch in Palästina vorstellen können. Geschichtlich sei in diesem Zusammenhang noch die Deklaration des britischen Außenministers Arthur James Balfour zu erwähnen, der im November 1917 via dem damaligen Leiter der britisch-jüdischen Bevölkerungsgruppe Lord Rothschild dem Zionistischen Verband (Zionist Federation) mitteilen ließ, dass die britische Regierung sich zugunsten eines »nationalen Heims für das jüdische Volk« in Palästina einsetzen werde, wobei jedoch »die zivilen und religiösen Rechte der nichtjüdischen Bevölkerungsgruppen« respektiert werden sollten. (2) Als Großbritannien das Völkerbundmandat für Palästina nach dem 1. Weltkrieg erhielt und das im Juli 1922 ratifiziert wurde, wurden in dem Mandat die in der *Deklaration von Balfour* geäußerten Gedanken mit aufgenommen und in diversen Artikeln noch Verschiedenes präzisiert. So sollte als Ansprechpartner eine »Jewish Agency« in Palästina gegründet werden, die verschiedene organisatorische Aufgaben zu übernehmen hatte, was z.B. die Einwanderung der Juden betrifft, die Bearbeitung von Ländereien, Gründung von Siedlungen etc.. (3) Die pro-jüdischen Artikel des Völkerbundmandates wurden von den in Palästina lebenden Nichtjuden stark kritisiert und verdammt. Es kam zu Ausschreitungen gegen Juden, die besonders in den 1930er Jahren noch stark zunahmen. (4) Am liebsten hätten die palästinensischen Araber einen Einwanderungsstopp für die Juden erreicht. Dazu kam es nicht, wohl aber von britischer Seite unter dem Premierminister Neville Chamberlain zu einer gewissen Begrenzung der Anzahl von Einwanderungswilligen, was 1939 in dem so genannten Weißbuch (engl. White Paper) festgehalten wurde. Das »Weißbuch« sah vor, dass in einer Periode von 5 Jahren pro Jahr es nur noch 10 000 Juden erlaubt sein sollte, sich in Palästina zu installieren und eventuell noch 25 000 zusätzlichen Einwanderungswilligen. Weitere Zuwanderungen dürften dann nur noch mit der Zustimmung arabischer Behörden erfolgen. Zudem sah das Weißbuch die Schaffung eines gemeinsamen jüdisch-arabischen Staates innerhalb von 10 Jahren vor. (5) Somit wurde die »World Zionist Organisation«, die von Theodor Herzl 1897 gegründet wurde und sich sehr für die Schaffung eines Jüdischen Staates in Palästina einsetzte, quasi aufgefordert, auf einen eigenen Staat in Palästina zu verzichten, was für die Juden ein herber Rückschlag bedeutete. Obwohl Chamberlains Nachfolger Winston Churchill gegen die Weißbuchverordnungen war, hob er sie nicht auf, betrachtete sie jedoch auch nicht als bindend, was z.B. die Anzahl der Juden betrifft, die sich in Palästina niederlassen wollten und die laut White Paper eigentlich begrenzt war. Aufgrund des zunehmenden Antisemitismus in Europa und die Pogrome gegen Juden in verschiedenen europäischen Ländern versuchten natürlich viele Juden dem zu entkommen und sich vor allem auch in Palästina niederzulassen. Ganz besonders die Judenverfolgung und deren Zuspitzung im Holocaust während der Hitlerzeit haben die Sehnsucht nach einem eigenen Staat in ihrem Ursprungsland beflügelt.

Nachdem Großbritannien sein Mandat, das es für Palästina im Jahre 1920 erhalten hatte, am 14. Mai 1948 niedergelegt hatte, konnte der von der UNO erarbeitete Plan, den Juden einen Staat mit einer bestimmten Grenze in Palästina zu gewähren, durch einen Beschluss der UNO vom 29. November 1947 (UN-Resolution 181) sofort in Kraft treten. Noch am selben Tag wurde der Staat Israel von David Ben Gurion, dem Präsidenten der Jewish Agency, der Vorläuferin der späteren israelischen Regierung ausgerufen. In seiner flammenden Rede betonte er ausdrücklich das »natürliche und historische Recht« der Juden, diesen »Staat Israel« in Palästina zu haben. (6) Die Anerkennung dieses neugegründeten Staates erfolgte bereits einige Minuten danach von den USA; die Sowjetunion folgte einen Tag darauf. Von den arabischen Staaten erkannten die Türkei unter Ismet Inönü und der Iran unter dem Schah Mohammed Reza Pahlavi Israel als Staat an.

Warum und wie es zu keinem palästinensischen Staat in Palästina gekommen ist

Die Muslime, die sich in Palästina niedergelassen hatten und mit den Israelis zusammenlebten, hatten zwar in dieser Gegend nie einen eigenen Staat, können aber auf wichtige Heiligtümer in Jerusalem verweisen wie auf die Al-Aksa-Moschee und den Felsendom. Abgesehen davon hätten sie lieber in dieser Gegend einen Palästinenserstaat errichtet, in der auch Israelis toleriert werden könnten. Die von der UN vorgesehene *Zweistaatenlösung*, wodurch nur das Westjordanland den Palästinensern zugedacht worden war, wurde von den damaligen politischen Führungskräften der muslimischen Einwohner Palästinas aus folgenden Gründen abgelehnt:

1. Für sie war die vorgesehene Teilung ungerecht; sie gäbe Israel zu viel Land (7) und wohl dazu noch den höheren Anteil des fruchtbaren Landes (8); hier gilt es jedoch etwas einschränkend zu bedenken, dass Israel sehr viel Wüstenland erhielt (Wüste Negev).

2. Sie beriefen sich darauf, dass ihr Bevölkerungsanteil viel höher sei (9), was auch der Realität entsprach; denn Anfang 1948 gab es wohl nur um die 600 000 Juden in Palästina und ungefähr 1.3 Millionen Palästinenser. (10)

3. Falls die Palästinenser dieser Zweistaatenlösung zugestimmt hätten, hätten sie, wie auch die anderen arabischen Staaten, die keinen israelischen Staat in dieser Region wünschten, sowieso diesen Staat Israel anerkennen müssen, was für sie jedoch nicht in Betracht kam.

Nachdem der Plan der Teilung bekannt gegeben worden war, gab es starke antiisraelische Ansprachen islamischer Geistlicher an der al-Azhar-Universität in Kairo; die Folge davon waren Pogrome und Gewalt gegen Juden in verschiedenen arabischen Staaten (11). Ihre Absicht bestand darin, den UN-Beschluss noch zu verhindern oder bei dessen Inkraftsetzung, ihn schnellstens wieder rückgängig zu machen, was auch immer wieder versucht wurde. Diese Lösung vom »Alles-haben-wollen« und das »Rückgängig-machen-wollen« des UN-Beschlusses (UN-Resolution 181) haben sich jedoch, wie es sich erwiesen hat, bis heutzutage eher nachteilig auf die palästinensische Bevölkerung ausgewirkt. Darauf wird in einem anderen Zusammenhang noch besonders hingewiesen. Vom heutigen Standpunkt könnte man das damalige Nichtakzeptieren der *Zweistaatenlösung* sogar als *die größte verpasste Chance* der moslemischen Bevölkerung ansehen. Diejenigen, die in unseren Tagen von der palästinensischen Seite für eine *Zweistaatenlösung* eintreten, was wohl dem Wunsch des größten Teils der Palästinenser entspricht, hätten diese bereits 1948 verwirklichen können. Die Anerkennung der sich geschichtlich ergebenen Realität, die damals vorhanden war, hätte höchstwahrscheinlich viele Konflikte und somit auch sehr viel Leid der Bevölkerungen und sehr viel Blutvergießen auf beiden Seiten verhindern können.

Konflikte, die das starke Sicherheitsbedürfnis der Israelis genährt haben

Zum Verhängnis für die Palästinenser und damit auch für die arabische Welt wurde der so genannte *Palästinakrieg*, der einen Tag nach der Gründung des Staates Israels von den Staaten ausgelöst wurde, die mit der Staatsgründung Israels nicht einverstanden waren und diesen neuen Staat komplett zerstören wollten. Zu ihnen gehörten Ägypten, Transjordanien, Syrien und der Libanon, d.h. Israels direkte Nachbarstaaten und der Irak. Die Absicht Jordaniens, die West Bank zu annektieren, wurde von Syrien und Ägypten verhindert. Israel gewann den Krieg, der mit separaten Waffenstillstandsverhandlungen endete. Zudem konnte Israel noch Land von dem Teil hinzugewinnen, das eigentlich den Palästinensern zugedacht war, was schließlich auch von arabischer Seite akzeptiert werden musste. (12) Die Waffenstillstandslinie, die auch unter dem Namen »Grüne Linie« (engl. Green Line) bekannt wurde, wurde im Großen und Ganzen bis 1967 respektiert. Was sich als Folge des Krieges von 1948 besonders nachteilig für die Palästinenser erwies, war, dass das palästinensische Gebiet um wohl 700-800 Tausend Einwohner wegen deren Flucht oder zum Teil Vertreibung geringer wurde (13), während die Bevölkerung in Israel aufgrund der darauffolgenden Vertreibung der Juden aus arabischen Staaten wuchs, da viele von ihnen in ihren neugegründeten Staat kamen. Zu beachten ist in diesem Zusammenhang, dass die palästinensischen Flüchtlinge vor allem in Flüchtlingslagern wie im Libanon, in Ägypten, im Westjordanland, in Jordanien und im Gazastreifen ihre Unterkunft fanden. Nur Jordanien bot ihnen die jordanische Staatsbürgerschaft an. (14) In den anderen Ländern gelten sie nach wie vor als Flüchtlinge und viele von ihnen hausen dort bis zur Gegenwart noch unter sehr ärmlichen Verhältnissen. Eine Rückkehr wurde ihnen aufgrund eines Beschlusses der israelischen Regierung von Juni 1948 nicht mehr gestattet (15). Die UN verlangte in ihrer Resolution n° 194 vom 11. Dezember 1948 von Israel, wenigstens friedliebenden palästinensischen Flüchtlingen die Rückkehr zu genehmigen.

Israel willigte ein und war bereit 200 000 bis 300 000 von ihnen dies zu erlauben. Das wurde jedoch von den arabischen Staaten abgelehnt, da sie darauf beharrten, alle Flüchtlinge zurückkehren zu lassen (16). Wiederum ging es um die Lösung von »alles oder nichts«, was rückblickend von arabischer Seite eigentlich bedauert werden müsste; denn dann hätte wenigstens mehr als ein Drittel der Flüchtlinge ihre Heimat wiedergefunden und das Los der zurückgebliebenen Flüchtlinge wäre wenigstens etwas erleichtert worden und das schon aus dem Grund, weil für das Lagerleben auf diese Weise mehr Platz geschaffen worden wäre. Abgesehen davon, dass Israel bereit gewesen wäre, einen großen Teil der Flüchtlinge zurückkehren zu lassen, kann es sich darauf berufen, einem Angriffskrieg widerstanden zu haben, wodurch kein Rechtsanspruch der Geflüchteten und zum Teil Vertriebenen bestehe, in ihr Ursprungsgebiet zurückzukehren. (17) Dahinter steckt natürlich auch der Grund, die Bevölkerungsanzahl Israels höher zu halten als die der Palästinenser, was wiederum mit dem *Sicherheitsbedürfnissen Israels* zusammenhängt.

Um zu verstehen, warum das *Sicherheitsbedürfnis Israels* ungeheuer wichtig ist, braucht man sich nur seine Beziehungen zu der arabischen Welt und die verschiedenen Krisen nach dessen Staatsgründung vor Augen zu halten. Nach dem Palästinakrieg von 1948 wäre zunächst die Suezkrise von 1956 zu erwähnen. Dazu kam es, weil sich die Beziehungen zwischen Ägypten und Israel stark verschlechterten. Israel wurde immer wieder von arabischen Untergrundkämpfern aus Ägypten und von den Ägyptern besetzten Gazastreifen angegriffen. (18) Hinzu kam, dass der ägyptische Herrscher Gamal Abdel Nasser den Golf von Akaba für die israelische Schifffahrt blockieren ließ. (19) Israel widerstand diesem Vorgehen, indem es am 29. Oktober 1956 Ägypten angriff, den Gazastreifen sowie die Sinaihalbinsel besetzte und auch in Windeseile zum Suezkanal vordrang. Hinzu kam ein Ultimatum vom 30. Oktober 1956 an Nasser seitens der Staaten England und Frankreich, die sich auf die Seite von Israel stellten und von Nasser verlangten, dass sich die ägyptischen Streitkräfte innerhalb von 12 Stunden 10 Meilen vom Suezkanals zurückziehen sollten. Diese Forderung wurde von Nasser abgelehnt, worauf England und Frankreich am 31. Oktober 1956 begannen, ägyptische Flughäfen zu bombardieren. So konnten israelische Bodentruppen auch schnell die Sinaihalbinsel besetzen und zum Suezkanal vordringen. (20) Die UNO wie auch die USA verurteilten dieses militärische Vorgehen stark, was im November 1956 zu einem Waffenstillstand und zu einem Rückzug der Interventionstruppen führte. Dafür wurde die »United Nation Emergency Force«, die Friedenstruppe der Vereinten Nationen, an den Grenzen zu Israel stationiert. (21)

Wie sehr verschiedene arabische Staaten darauf aus waren, Israel so schnell wie möglich als Staat von der Landkarte verschwinden zu lassen, sehen wir in dem Bemühen Nassars in den 1960er-Jahren, Syrien und Jordanien für einen Krieg gegen Israel zu gewinnen. 1967 war es dann so weit. Es kam zu massiven Truppenaufmärschen auf der Sinaihalbinsel sowie auf den Golanhöhen; für israelische Schiffe wurde die Straße von Tiran durch die ägyptische Flotte blockiert, was im Prinzip als ein völkerrechtswidriges Vorgehen zu werten war; zudem mussten die UN-Friedenstruppen, die an der Grenze zu Israel stationiert waren, abgezogen werden. (22)

Mit einem Präventivschlag kam Israel Anfang Juni 1967 der Aggression zuvor und konnte innerhalb weniger Stunden die ägyptischen Luftstreitkräfte, die wohl noch auf ihren Angriffsbefehl warteten, zerstören. Eigentlich war in sehr kurzer Zeit ungefähr 80% des gesamten ägyptischen Militärarsenals zerstört worden. Innerhalb von 6 Tagen gelang es Israel, das Westjordanland, Teile von Ägypten, den sich unter ägyptischer Verwaltung stehende Gazastreifen sowie die Golanhöhen von Syrien und das von Jordanien eingenommene Ostjerusalem zu besetzen; zudem hatte es auch schon Truppen am Ostufer vom Suezkanal. (23)

Nach dem 6-Tage-Krieg gab es vom 29. August bis zum 1. September 1967 eine Konferenz arabischer Staaten in der sudanesischen Hauptstadt Khartum, an der die Oberhäupter der Staaten von Ägypten, Saudi-Arabien, Jordanien, Irak, Kuweit, Libanon, Jemen, Sudan sowie die Premierminister von Marokko, Libyen, Tunesien und Algerien teilnahmen. Syrien war durch seinen Außenminister vertreten. (24) In der Resolution wurde eine harte Haltung gegenüber Israel eingenommen. Der Beschluss enthielt ein dreifaches »NEIN«:

1. Keinen Frieden mit Israel

2. Keine Anerkennung Israels

3. Keine Verhandlungen mit Israel

Dieses dreifache Nein der arabischen Staaten war in den folgenden Jahren maßgebend für deren Außenpolitik in Bezug auf Israel.

Vor allem Ägypten und Syrien gaben nicht auf, sich militärisch mit Israel auseinanderzusetzen. In einem Überraschungsangriff versuchten beide Staaten am *Jom-Kippur-Tag* im Oktober 1973 das von Israel besetzte Gebiet zurückzuerobern. Anfangs hatte Ägypten auf der Sinaihalbinsel Erfolge, wurde aber doch von israelischer Seite zurückgedrängt. Bald befanden sich israelische Truppen sogar auf der anderen Seite des Suez-Kanals und etwa 220 km vor Kairo. Vor allem die USA drängten darauf, diesen so genannten »Jom-Kippur-Krieg« schnellstens zu beenden. Das Waffenstillstandsangebot seitens Ägyptens wurde von Israel angenommen. (25)

Da anscheinend Israel nicht militärisch zu besiegen war, benutzten die arabischen Führer nach dem *Jom-Kippur-Krieg*, um Israel wenigstens außenpolitisch zu schwächen, eine wirtschaftliche Waffe – ihr Erdöl, gegenüber bestimmten israelfreundlichen Staaten, indem es der OPEC verboten war, ihnen diesen stark benötigten Rohstoff zu liefern. Die OPEC drosselte zudem ihre Ölproduktion, was eine weltweite Ölkrise auslöste und die Preise für dieses kostbare Produkt stark ansteigen ließ. Zudem hatte sie noch so manche andere negative Auswirkungen auf die Bevölkerung der Industriestaaten. Mit diesem Mittel wollten die arabischen Staaten erreichen, dass Druck auf Israel ausgeübt wird, das besetzte Land zurückzugeben. Mit einer geschickten Diplomatie erreichte die Nixon-Regierung, dass diese Krise im März 1974 beendet werden konnte, obwohl kein definitives Friedensabkommen weder mit Ägypten noch mit Syrien erreicht werden konnte. (26) Da die Industrieländer nun ganz besonders merkten, wie stark sie vom arabischen Erdöl abhängig sind, suchten und erforschten sie verstärkt und auch ziemlich erfolgreich nach alternativen Energiequellen. Rückblickend hat sich dieses Ölembargo deshalb sogar negativ auf die arabischen erdölproduzierenden Länder ausgewirkt.

Eine weitere Bedrohung für Israel war die Gründung von Befreiungsorganisationen, die auch vor terroristischen Anschlägen nicht zurückschreckten. Zu ihnen gehörte die PLO (Palästinensische Befreiungsorganisation). Wenn hier alle Anschläge, die gegen Israel in den folgenden Jahren erfolgt sind, genannt würden, käme es sicherlich zu einer seitenlangen Aufzählung. Nur einige davon sollen erwähnt werden. So verübte die Fatah, die stärkste Fraktion der PLO, nach dem 6-Tage-Krieg von 1967 mehrere Anschläge gegen Israel; Flugzeuge wurden entführt, jüdische Passagiere wurden ermordet; 1970 wurde ein Schulbus überfallen und eine Anzahl Kinder getötet, usw. usw.; erinnert sei an die Geiselnahme von München während der Olympischen Spiele von 1972 und die Ermordung 11 israelischer Sportler von der Terrororganisation »Schwarzer September«. Im März 1978 gab es den so genannten »Küstenstraßen-Anschlag«; dabei wurden zwei israelische Busse überfallen und viele Insassen getötet und eine hohe Anzahl verwundet, worauf von israelischer Seite die 7 Tage lang andauernde »Operation Litani« im südlichen Libanon erfolgte, von wo aus die PLO hauptsächlich ihre Terroranschläge gegenüber Israel durchführte. (27) Die Terrormiliz wurde dabei zwar geschwächt, aber nicht zerschlagen. 1982 griff Israel, obwohl nicht unmittelbar bedroht, in den Libanon-Krieg, der von 1975-1990 dauerte, ein. Während des Feldzuges, der »Frieden für Galiläa« bringen sollte, drangen israelische Truppen sogar bis Beirut vor, das sie für eine Zeit belagerten; zudem wurden auch gezielt PLO Einrichtungen in der Stadt bombardiert. Mit dieser Intervention versuchte Israel vor allem, die Infrastruktur der PLO im Libanon zu zerstören und deren Abzug zu erzwingen, was schließlich auch erreicht wurde. Die PLO verlegte ihr Hauptquartier nach Tunesien. (28)

Nachdem die PLO als Organisation den Libanon verlassen hatte, drohte den Israelis vom Südlibanon jedoch bald eine neue Gefahr – die Hisbollah, die praktisch die anti-israelischen Aktionen der einstigen PLO in dieser Gegend fortsetzte und auch mehr und mehr Rückhalt in der libanesischen Bevölkerung gefunden hat und inzwischen auch schon mit an der libanesischen Regierung beteiligt gewesen ist.

Obwohl die Israelis sich aus dem Libanon zurückgezogen hatten, bis auf die Ortschaft Ghadschar, dessen nördlicher Teil zu Libanon gehört und dessen südlicher Teil zu den Golanhöhen, die Syrien von Israel zurückfordert, kam es wegen fortdauernden Raketenbeschusses der Hisbollah auf israelisches Territorium zum 2. Libanonkrieg vom Jahre 2006. Zum anderen ging es Israel auch darum, zwei Grenzsoldaten zu befreien, die von der Hisbollah-Miliz verschleppt wurden. Außerdem beschuldigte Israel die libanesische Regierung, sich nicht an die *UN-Resolution 1559 vom 2. September 2004* zu halten, die beinhaltet, alle autonomen paramilitärischen Organisationen im Staate aufzulösen. Das eigentliche Ziel Israels war es deshalb, die Stützpunkte der Hisbollah zu zerstören, was nur zum Teil gelungen ist. Auf Drängen der UNO kam es aufgrund einer UN-Resolution (1701) im August 2006 zu einem Waffenstillstand. Eine UN-Schutztruppe hatte die Aufgabe erhalten, die Hisbollah und andere militante Gruppen zu entwaffnen, was jedoch nicht stattfand und was auch Israel letztlich befürchtete. (29)

Zu erwähnen seien in diesem Zusammenhang noch die zwei Intifadas, die die Unzufriedenheit eines großen Teils der Palästinenser und deren israelfeindliche Einstellung ausdrückt. Die erste Intifada dauerte von 1987 bis 1991, wobei es sich hauptsächlich um einen »Krieg der Steine« handelte. Zusammenstöße zwischen Israelis und Palästinensern sind da fast an der Tagesordnung gewesen. (30) Die 2. Intifada, auch Al-Aqsa Intifada genannt, wurde Ende September 2000 ausgelöst, nachdem Ariel Sharon, der damalige israelische Oppositionsführer, den Tempelberg besucht hatte; sie wird jedoch vielmehr als eine Folge vom Scheitern der Verträge von Oslo angesehen, wozu später noch etwas mehr zu erwähnen ist. Der Unterschied zur o.g. ersten Intifada bestand nunmehr darin, dass es auch zu bewaffneten Auseinandersetzungen kam und Selbstmordattentate gegen die israelische Bevölkerung verübt wurden. Israel rächte sich damit, indem es in die Palästinensergebiete eindrang und einen großen Teil der Infrastruktur zerstörte. (31)

Um die »Zerstörung der terroristischen Infrastruktur« ging es auch Ariel Sharon, als seine Soldaten im Mai 2003 in das Westjordanland einfielen und gegen die palästinensische Autonomiebehörde vorgingen. (32)

Während die PLO seit 1993 von den USA und Israel mit berechtigtem Grund nicht mehr als Terrororganisation eingestuft wird, worauf später noch kurz eingegangen wird und sie als die einzige rechtmäßige Organisation der Palästinenser akzeptiert wird, hat die Hamas, eine sunnitisch-islamische Palästinenserorganisation, die ihre Wurzeln in der ägyptischen Muslimbruderschaft hat, mit ihren Aktionen – vor allem unterstützt vom Iran – noch ganz besonders zum Sicherheitsbedürfnis Israels beigetragen und das Misstrauen Israels gegenüber den Palästinensern noch verschärft. In der palästinensischen Bevölkerung hat sie sogar immer mehr Zuspruch erhalten, während die PLO an Reputation verloren hat. Das hat auch vor allem daran gelegen, dass es bei manchen Führungskräften der PLO Korruption gegeben haben soll. Zudem ist die Hamas auch auf dem sozialen Sektor sehr aktiv gewesen und hat sich bezüglich der Innenpolitik bei der Bevölkerung mehr und mehr beliebt gemacht, sodass sie sogar die Wahlen für den Legislativrat im Jahre 2006 gewinnen konnte. (33) Durch diesen Wahlausgang wurde natürlich die PLO ziemlich geschwächt. Zwei Jahre zuvor war dazu noch ihr prominenter Führer Arafat gestorben, was sich sicherlich auch nicht gerade vorteilhaft auf die PLO ausgewirkt hat. Die Hamas hatte zwar versprochen, die bereits geschlossenen Verträge der Fatah mit Israel zu dulden bzw. zu respektieren, doch Israel reichte dies natürlich nicht. (34)

Auf alle Fälle fühlte sich die Hamas durch die Wahlen und die Beteiligung an der Regierung gestärkt und sah nun die Chance gegen die nach ihrer Meinung israelischen Besatzer kämpferisch vorzugehen. Racheschwüre gegenüber Israel, Aufrufe zu Selbstmordattentaten in Israel etc. verschärften den israelisch-palästinensischen Konflikt. Israel antwortete darauf, indem es gezielt geistliche Führer der Hamas hin und wieder gezielt tötete. Die Entführung des Soldaten Gilad Schalit durch militante Mitglieder der Hamas am 25. Juni 2006 gab Israel nun einen Grund gegen die Hamas militärisch vorzugehen. So marschierte die israelische Armee noch am selben Tag in den Gazastreifen ein und operierte da bis zum 28. August 2006. Israel zerstörte das zentrale Kraftwerk und auch eine Anzahl wichtiger Gebäude der Hamas. Zudem verhaftete Israel im Westjordanland zahlreiche Hamasabgeordnete des Parlaments und deren Minister; unter ihnen befand sich auch der Sprecher des Palästinensischen Legislativrates. (35)

Die Beziehungen der Hamas zur PLO wurden immer schlechter und waren sogar mit Gewalt verbunden, sodass im Juni 2007 von einem bürgerkriegsähnlichen Verhältnis gesprochen werden konnte. Der Erfolg der Hamas bestand nun darin, den gesamten Gazastreifen militärisch für sich in Anspruch zu nehmen – ihn zu beherrschen, wodurch im Prinzip die palästinensische Autonomiebehörde sich teilte. Die Einheitsregierung war faktisch zusammengebrochen. (36)

Die Zielvorstellungen der Hamas und der Fatah sind sehr unterschiedlich. Während die meisten der Fatah einen säkularen Palästinenserstaat errichten möchten, der neben Israel koexistiert, will die Hamas Israel am liebsten ausrotten und einen »Gottesstaat« etablieren, der ganz Palästina einschließt (37); dabei wird die Hamas besonders vom Iran unterstützt.

Aufgrund der Raketenangriffe der Hamas auf israelisches Territorium reagierte Israel am 07. Februar 2008 mit der »Operation Gegossenes Blei«, die mit einem Luftangriff begann. Erst am 18. Januar 2009 beendete Israel mit einer einseitigen Waffenstillstandserklärung diesen Kampf. (38) Die nächste größere militärische Aktion Israels gegen die Hamas wegen verstärktem Raketenbeschuss erfolgte im Gazastreifen am 14. November 2012 mit der »Operation Wolkensäule« (39), die sieben Tage später mit einem Waffenstillstandsvertrag zwischen der Hamas und Israel endete. Immer wieder hat sich die Hamas bezüglich der Raketen neu aufgerüstet, um sie gegen Israel abfeuern zu können. So wurde im Sommer 2014 Israel wieder unter Beschuss genommen, sodass Israel am 08. Juli 1914 mehrere Wochen Luftangriffe gegen Einrichtungen der Hamas im Gazastreifen unternommen hatte. Waffenstillstandsvereinbarungen wurden immer wieder gebrochen, bis schließlich doch vor allem unter ägyptischer Beteiligung in Kairo es zum Waffenstillstand kam. Bei allen militärischen Interventionen Israels gegenüber der Hamas waren auf palästinensischer Seite immer mehr Menschen zu beklagen als auf israelischer Seite. Bei den Auseinandersetzungen im Gazakrieg 2014 sollen den Nachrichten zufolge auf israelischer Seite 6 Soldaten und drei Zivilisten ums Leben gekommen sein; auf palästinensischer Seite soll es 1957 Tote gegeben haben. So schrecklich auch diese Bilanz ist und man hier schnell geneigt ist, Israel zu verurteilen, so möchte ich den souveränen Staat sehen, der anders gehandelt hätte, wenn sein Land mit Raketen beschossen würde, Tunnel unter sein Territorium gegraben würden etc.. Diejenigen, die anders als die Hamasführer im Gazastreifen in ihrer Situation und in ihrer Gedanken- und Gefühlswelt lebend gehandelt hätten, möchte ich ebenfalls sehen.

Bemühungen um eine Friedenslösung im Nahen Osten

An Bemühungen, um zu einer dauerhaften Friedenslösung im Nahen Osten zu kommen, hat es in der Vergangenheit wahrlich nicht gefehlt. Besonders nach dem *Jom-Kippur-Krieg* vom Herbst 1973 und der von den arabischen erdölfördernden Staaten darauffolgenden Ölembargo machte der amerikanische Außenminister Kissinger große Anstrengungen, um im Nahen Osten Frieden zu schaffen. So wurde im Dezember 1973 eine Nahostkonferenz in Genf abgehalten, welche die Voraussetzung schuf, zu einem ersten Zwischenabkommen zwischen Ägypten und Israel zu gelangen. (40)

Unter der Führung des amerikanischen Präsidenten Jimmy Carter kam es vom 05. bis zum 17. September 1978 auf Camp David zu effektiven Gesprächen zwischen dem ägyptischen Präsidenten Anwar Sadat und dem Ministerpräsidenten von Israel Menachem Begin. (41) Als Folge ergab sich ein Friedensvertrag am 26. März 1979, der für beide Seiten als positiv zu werten war. Die ägyptische Seite erreichte den Abzug der Israelis aus der besetzten Sinaihalbinsel, die sie während des 6-Tage-Krieges 1967 erobert hatten und die Aufgabe der dort entstandenen jüdischen Siedlungen. Israel erlangte dafür seine Anerkennung als Staat seitens Ägyptens sowie die freie Durchfahrt des Suezkanals. Israel erhoffte sich, noch die Annexion des Gazastreifens durchsetzen zu können, was jedoch von ägyptischer Seite abgelehnt wurde. Wichtig war für Israel jedoch auch noch die Gewaltverzichtsklausel; denn Ägypten hatte sich ja wiederholt dafür stark gemacht, Israel als Staat beseitigen zu wollen. Da die Staaten, die sich mit Ägypten zu einer *Arabischen Liga* zusammengeschlossen hatten, gegen eine Anerkennung des Staates Israel waren, wurde Ägypten sogar bis 1989 aus der Arabischen Liga ausgeschlossen. (42)

Im Jahre 1991 bemühten sich der Präsident der Vereinigten Staaten George H. W. Bush und sein Außenminister Baker, auch unter dem Druck der Vereinten Nationen den Friedensprozess im Nahen Osten voranzubringen. Am 06. März 1991 erklärte Bush vor dem amerikanischen Kongress, dass die Zeit gekommen sei, dem arabisch-israelischen Konflikt zu beenden. (43) So fand Ende Oktober 1991 eine Konferenz in Madrid statt, an der auch die Sowjetunion sowie Israel, Syrien, Jordanien und der Libanon teilnahmen. Diese Konferenz bereitete den Weg für weitere Konferenzen und Abkommen zwischen Israel und seinen Nachbarn. Auch das Friedensabkommen zwischen Israel und Jordanien vom Jahre 1994 war eine Folge davon. (44) Mit Syrien wurde bis jetzt kein Friedensvertrag geschlossen, schon wegen der Golanhöhen, die von Israel 1967 besetzt und 1981 annektiert worden sind und wo Israel inzwischen ein Wintersportgebiet errichtet hat. (45)

Da sich die direkten Beziehungen zwischen den Palästinensern unter der Führung der PLO mit Israel sehr schwierig gestalteten, bemühte sich Norwegen Anfang der 1990er-Jahre ganz besonders, einen direkten Kontakt zwischen den beiden Lagern herzustellen. So kam es zu geheimen Gesprächen zwischen ihnen, wodurch schließlich der so genannte »Osloer Friedensprozess« begann. Das erste positive Ergebnis davon war das Grundsatzabkommen vom 13. September 1993 in Washington, das eine vorübergehende Selbstverwaltung der Palästinenser vorsah. An dem Treffen nahmen die Außenminister Schimon Perez, Warren Christopher, Andrew Kosyrew sowie die Ministerpräsidenten von Israel Jitzchak Rabin, der Führer der PLO Yassir Arafat sowie sein Hauptvertreter bei der Erarbeitung dieses Grundsatzabkommens Mahmud Abbas und der Präsident der USA Bill Clinton teil. (46) Dieses Interim Abkommen ist als ein großer Schritt nach vorn auf dem Wege zu einem endgültigen Friedensabkommen zwischen Israel und den Palästinensern gewertet worden.

Die PLO machte nun einen wichtigen wohl auch längst fälligen Schritt nach vorn und erkannte das Recht Israels an, in Palästina zu existieren, zudem wurde die UN-Resolution 242 (November 1967) und 338 (Oktober 1973) akzeptiert, womit sie auf Gewalt und Terror gegenüber den Israelis künftig verzichten wollte. Als Folge davon verzichteten Israel und die USA darauf, die PLO weiterhin als Terrororganisation einzustufen und akzeptierten sie als die einzige rechtmäßige Vertreterin der Palästinenser. (47) Da sie und vor allem ihre stärkste Fraktion die Fatah von nun an für sich in Anspruch nehmen konnte, für das ganze palästinensische Volk zu sprechen, hat sie natürlich mit dazu beigetragen, das palästinensische Nationalgefühl zu kräftigen.

Für Israel war das Existenzrecht Israels in Palästina seitens der PLO ungeheuer wichtig gewesen; denn somit war die PLO verpflichtet, alle Textstellen Ihrer Charta für ungültig zu erklären, aus denen hervorging, den Staat Israel beseitigen zu wollen. Zudem wurde vereinbart, den Gazastreifen und das Westjordanland unter die Verantwortung der Palästinensischen Autonomiebehörde zu stellen. Von Anfang an war wohl allen an den Verhandlungen Beteiligten und den meisten Beobachtern klar, dass für die wichtigen und umstrittensten Fragen wie der *Status von Jerusalem, die definitive Grenzziehung, das Flüchtlings- und Siedlungsproblem* zu einem späteren Zeitpunkt befriedigende Antworten für beide Seiten gefunden werden müssen. Wichtig war damals vor allem, eine gute Basis für weitere Verhandlungen für Abkommen zu schaffen, die es auch anschließend gegeben hat. Am 29. April 1994 wurden z.B. in Paris Protokolle unterzeichnet, die das wirtschaftliche Zusammenleben zwischen Israel und der Palästinensischen Autonomiebehörde ordnen sollte. (48) Einige Tage später, am 4. Mai 1994, kam es in Kairo zum »Gaza-Jericho-Abkommen«; darin wurde den Palästinensern ein bestimmtes Gebiet zuerkannt, das von ihnen verwaltet werden sollte. Ungefähr 65% des Gazastreifens sowie die Stadt Jericho fielen unter ihre Verwaltung, ausgenommen waren die entstandenen jüdischen Siedlungen, die Straßen dorthin und auch ein sehr limitierter Landstrich an der Grenze zum Gazastreifen mit der Straße der Verbindung Nord-Süd – und Letzteres *aus israelischem*

Sicherheitsinteresse, wegen der dortigen Haine und Häuser, aus denen man auf Israelis hätte schießen können. (49)

Am 24. September 1995 erreichten Rabin und Arafat weitere Fortschritte in den Beziehungen ihrer Völker im ägyptischen Dorf Taba. Gemäß diesem zustande gekommenen Abkommen erhielt die national-palästinensische Autonomiebehörde neue Regierungskompetenzen. Dieses »Interimsabkommen über das Westjordanland und den Gazastreifen«, das auch Oslo II genannt wird, wurde von ihnen am 28. September 1995 in Washington unterzeichnet. Das Abkommen sah vor, das Westjordanland in drei Zonen (A,B,C) aufzuteilen, in denen die Kontrolle von Israelis und Palästinensern verschieden ausgeübt werden sollte. Für ungefähr 3% des Westjordanlandes (Zone A) bekamen die Palästinenser die Regierungsaufsicht, in rund einem Viertel des Territoriums, in der so genannten Zone B, war für Israelis und Palästinenser eine gemeinsame Verwaltung vorgesehen; im verbleibenden Teil, der Zone C, d.h. in fast Dreiviertel des Gebietes behielt Israel die souveräne Kontrolle. (50)

Nachdem der israelische Ministerpräsident Rabin von einem rechtsextremen israelischen Studenten am 4. November 1995 erschossen wurde, setzte sein Nachfolger Simon Perez die Politik, die zu einem echten Friedensabkommen führen sollte, fort. So erfolgten am 05. und 06. Mai 1996 erneut Gespräche in Taba. In einem gemeinsamen Kommunikee betonten beide Seiten, die bereits getroffenen Vereinbarungen zu realisieren. (51) Als der Friedensprozess nach der Wahl des am 29. Mai 1996 mit einer hauchdünnen Mehrheit zum Ministerpräsidenten gewählte Likud-Vorsitzende Benjamin Netanjahu ins Stocken geraten war, kam es unter der Vermittlung vom amerikanischen Präsidenten Clinton und Husain II, dem König von Jordanien, am 23. Oktober 1998 in Wye Plantation bei Washington zu einem Abkommen, welches von Netanjahu und Arafat in Washington unterzeichnet wurde. Dieses Interimsabkommen sollte das umsetzen, was bereits im Interimsabkommen vom 28. September 1995 in Washington bezüglich des Gazastreifens und des Westjordanlandes vorgesehen war. In einem Zeitraum von 3 Monaten sollte Israel 13% des Westjordanlandes räumen, 14,2% des Gebietes, das Israelis und Palästinenser gemeinsam verwalteten, sollte den Palästinensern ganz übertragen werden. Zudem gab es Vereinbarungen, was den Handel und den Verkehr betrifft. Israel verlangte von der Palästinensischen Autonomiebehörde den Terrorismus, der von ihrem Gebiet ausgeht, zu bekämpfen und die Hamas zu entwaffnen sowie gefangengehaltene Terroristen nicht schon nach einigen Monaten auf freien Fuß zu setzen, was von den Israelis als »Drehtür-Politik« bezeichnet wurde. Die PLO-Charta, die die Vernichtung Israels vorsah, sollte geändert werden. Die Anzahl der palästinensischen Polizisten, die laut dem Osloer Abkommen vorgesehen war und sich inzwischen verdoppelt hatte, sollte vermindert werden. (52) Die Knesset nahm am 17. November 1998 das Abkommen mit 75 Ja-Stimmen an. Es gab 19 Gegenstimmen. 17 Mitglieder fehlten bei der Abstimmung. (53) Dieses Abkommen wurde jedoch nur zu einem Teil realisiert, obwohl Bill Clinton sehr bemüht war, zwischen den Kontrahenten zu vermitteln. Das hing auch mit der gespaltenen Regierung Netanjahus zusammen, einige waren völlig gegen das Abkommen, anderen machte der Friedensprozess einen zu langsamen Fortschritt. Aufgrund eines Misstrauensvotums wurde Netanjahu von seinem Posten enthoben.

Der im Mai 1999 neu gewählte Ministerpräsident Barak hatte die Absicht, das Wye-Abkommen schnell umzusetzen und sogar Verhandlungen über ein endgültiges Friedensabkommen zu führen. Verhandlungen zwischen Arafat und Barak führten zum Folgeabkommen von Wye I, dem so genannten Wye II. Wye II beinhaltete vor allem die Prozedur der Umsetzung von Wye I. (54) Was die Erreichung eines endgültigen Friedensabkommens betrifft, gestalteten sich die Verhandlungen jedoch als extrem schwierig. Über *den Status von Jerusalem, die Flüchtlingsfrage, eine endgültige Grenzziehung und die israelischen Siedlungen* existierten zu unterschiedliche Auffassungen.

Auf dem Camp-David–Gipfel vom 11. – 25. Juli 2000 versuchten Barak und Arafat unter dem Beisein von Bill Clinton ein endgültiges Friedensabkommen zu erreichen. Während der Gespräche bot Barak den Palästinensern 90% des Westjordanlandes, den gesamten Gazastreifen und Ostjerusalem als Hauptstadt eines palästinensischen Staates an. Zudem sollte ein internationaler Fond eingerichtet werden, der die Palästinenser entschädigen sollte, die 1967 aus ihrem Land fliehen mussten oder vertrieben wurden. Arafat lehnte ab, weil er wollte, dass alle Palästinenser, die ihre Heimat aus welchem Grund auch immer verlassen mussten, das Recht haben sollten, zurückzukehren. Diese Forderung ging Israel u.a. zu weit. So blieben die Verhandlungen schließlich ohne Erfolg. Zurück blieb eine gegenseitige Beschuldigung für das Scheitern. (55) Die Fortsetzung der Verhandlungen im ägyptischen Taba blieb ebenfalls erfolglos. Die so genannte »Road Map«, die zu einer für beide Seiten akzeptablen Zweistaatenlösung führen soll, wird im Großen und Ganzen von den USA, von der EU etc. befürwortet.

Im Jahre 2002 gab es eine arabische Friedensinitiative vom saudischen König Abdullah ibn Abd al-Iziz, die im Juni 2002 von allen Mitgliedern der *Organisation für Islamische Zusammenarbeit* unterstützt wurde. Auch der Iran bekannte sich dazu. Sie hatten die Absicht, sich von ihrer Khartum-Resolution vom 01. September 1967 mit ihrem *dreifachen Nein* zu verabschieden und zu einer Aufnahme von diplomatischen Beziehungen mit Israel zu kommen. Diese Initiative scheiterte jedoch; denn Israel konnte weder ihre Vorschläge zur Grenzziehung noch diejenigen zur Lösung der Flüchtlingsfrage akzeptieren. (56)

In den ersten Jahren dieses Jahrhunderts versuchten mehrere nicht an den Regierungen beteiligte Politiker von israelischer und palästinensischer Seite den Friedensprozess wieder in Gang zu bringen, indem sie in geheimen intensiven Verhandlungen einen umfangreichen Entwurf erarbeiteten, der die Grundlage für eine für beide Seiten akzeptables definitives Abkommen sein sollte. Am 01.

Dezember 2003 wurde dieses unverbindliche Abkommen während einer für diesen Zweck anberaumten Feierstunde in Genf, an der auch ranghohe Politiker verschiedener Nationen teilnahmen, unterzeichnet. Diese Initiative wurde von vielen Politikern aus aller Welt begrüßt und als gute Chance einer Friedenslösung angesehen. Auch diese Initiative scheiterte, weil sie für die Palästinensische Autonomiebehörde nicht weit genug ging und die israelische Regierung die *Sicherheit Israels* bei einer Verwirklichung des Planes in Gefahr sah. (57)

Unter der Führung von Ariel Scharon wurde eine unilaterale Initiative gestartet, mit dem Abbau besetzter Gebiete zu beginnen. So kam es im Jahre 2005 zur Räumung von 21 Siedlungen im Gazastreifen und vier anderen in der nördlichen West Bank, wobei es auch zu gewaltsamen Disputationen zwischen der Armee, die dies auszuführen hatte und den Siedlern gekommen war. (58) Manche israelische Politiker wie Benjamin Netanjahu waren strikt gegen diese einseitige Aufgabe von Land. (59) Ansonsten hat diese Politik auch anderweitig ein zwiespältiges Echo gefunden. Der ehemalige Präsident von Amerika Jimmy Carter, der mit seinem »Carter Center« sehr um den Frieden im »Heiligen Land« bemüht ist, meint in seinem Buch »We can have Peace in the Holy Land«, das im Jahre 2009 veröffentlicht wurde, es wäre besser gewesen, wenn dieser Abzug aufgrund von Verhandlungen mit der Fatah erfolgt wäre, um sie zu stärken. So habe die Hamas den Rückzug Israels aus dem Gazastreifen für sich verbuchen können und darauf verwiesen, dass sich Israel wegen ihrer Terrormaßnahmen gezwungen gesehen habe, diesen Teil des Landes aufzugeben. (60) Auf der anderen Seite hat sich der Plan Israels nicht erfüllt, die Palästinenser zufriedenzustellen und auf diese Weise dem Frieden näher zu kommen, wie jedermann weiß.

Ehud Olmert hat den Plan seines Vorgängers Sharon weiter entwickelt. Aber nun ging es nicht mehr um eine unilaterale Aufgabe israelischer Siedlungen; er wollte vielmehr seinen Plan von der Aufgabe israelischer Siedlungen mit Verhandlungen koppeln. Dieser so genannte »Konvergenzplan« sah vor, ein paar kleine Siedlungen im Westjordanland aufzugeben und dafür drei größere Siedlungen auszubauen und zu befestigen, die dann wiederum eines Tages dem israelischen Kernland einverleibt werden könnten. Bei einer Verwirklichung dieses Planes bot Israel den Palästinensern die Schaffung eines eigenen Staates an. (61) Die Palästinenser widersetzten sich dieser Idee, weil sie nicht wollten, dass hier von Israel Fakten geschaffen werden, die es Israel ermöglichen könnte, ihr Staatsgebiet zu vergrößern. (62)

Anfang September 2010 wurden die Friedensgespräche unter der Leitung des amerikanischen Präsidenten Obama und seiner Außenministerin Hillary Clinton wieder aufgenommen. Ursprünglich gab es für diese Gespräche von beiden Seiten Vorbedingungen. So verlangte Netanjahu zuvor von den Palästinensern die Anerkennung Israels als einen »jüdischen Staat«, und die Palästinensische Autonomiebehörde forderte einen kompletten Baustopp von israelischen Siedlungen im Westjordanland. Schließlich nahmen doch beide Seiten »ohne Vorbedingungen« an dem Treffen teil. Die USA erreichten zwar von den Israelis einen 90-tägigen Baustopp von israelischen Siedlungen in der Hoffnung, die Gespräche in der Zwischenzeit zu einem positiven Ergebnis zu bringen (63); da aber aufgrund der bekannten Ansprüche beider Seiten keine Einigung in Sicht war, erklärten die USA am 08. Dezember 2010, dass sie nicht länger diesen Baustopp verlangen (64).

Ab 2013 ist der amerikanische Außenminister Kerry unter der Leitung Obamas aktiv gewesen, um die Verhandlungen wieder in Gang zu bringen (65); auch Länder der Europäischen Union nutzen jede passende Gelegenheit, zwischen den beiden Lagern zu vermitteln, doch ein echter Friedensprozess, der zu einem akzeptablen Vertrag beider Seiten führt, scheint nicht in Sicht zu sein.

Die wichtigsten Versuche eine Lösung für den Nahostkonflikt zu finden, waren soweit, um es kurz zu wiederholen, das Camp-Da-

vid-Abkommen, die Oslo-Friedensprozesse, der israelisch-ägypti-
sche Vertrag, Camp David II, die Prinzipienerklärung über die vorübergehende Selbstverwaltung, der israelisch-jordanische Friedensvertrag, das Gaza-Jericho-Abkommen, der Konvergenzplan, das
Interimsabkommen über das Westjordanland und den Gazastreifen,
zudem sind andere wichtige Rahmenbedingungen zur Lösung des
Problems in der so genannten »Road-Map« zu finden.

Bemühungen, um eine Lösung für den israelisch-palästinensischen
Konflikt endgültig zu lösen, hat es also in der Vergangenheit genügend gegeben und das nicht nur von Politikern, die die Regie-
rungsverantwortung in Ländern hatten, die an einer Lösung des
Konflikts stark interessiert gewesen sind bzw. noch sind. Zu denken
ist da beispielsweise an das bereits erwähnte »Carter Center« in
den USA, das auf die verschiedenste Weise versucht hat, zwischen
Israelis und den Palästinensern zu vermitteln. Auch die israelische
Friedensbewegung »Peace-Now«, die nach dem Israelbesuch vom
ägyptischen Präsidenten Anwar Sadat von November 1977 entstand
(66), tut ihr Bestes, um zu einer Friedenslösung zwischen den Palästinensern und den Israelis zu gelangen. Vollständigkeitshalber sei
noch darauf verwiesen, dass es auch so manche Privatinitiativen
gegeben hat und gibt, wodurch Brücken zwischen beiden Lagern
gebaut werden sollen. Erinnert sei in diesem Zusammenhang an
gemeinsames Musizieren von Palästinensern und Israelis, auf gemeinsame Bauprojekte etc. etc.. Obwohl der Nahostkonflikt bereits einige Friedensnobelpreisträger hervorgebracht hat und so
mancher amerikanische Präsident es sich gewünscht hat, während
seiner Amtszeit eine dauerhafte Lösung für den Konflikt zu finden,
haben alle Bemühungen, um zu einem echten Frieden in dieser
Region zu gelangen, leider nur sehr wenig Substanzielles in diese
Richtung zustande gebracht.

Gründe für das Scheitern der Friedensbemühungen

Einige Gründe für das Scheitern der Friedensbemühungen sind im Laufe der bisherigen Ausführungen bereits direkt oder indirekt genannt worden und sollen auch in diesem Zusammenhang nochmals mit oder noch deutlicher erwähnt werden. Das Grundproblem beider Seiten besteht meines Erachtens bei der Annahme eines selbst mit aller Sorgfalt erarbeiteten und auf Kompromissen beruhenden Friedensvertrages in der *Angst*, etwas für immer zu zementieren, was eines Tages bereut werden könnte, zumal auf beiden Seiten noch instinktiv die Hoffnung besteht, doch noch irgendwie mit ihren Maximalforderungen durchzukommen, was aus psychologischer Sicht verständlich erscheint.

Zu den Maximalforderungen gehört von extrem islamischer Seite die Errichtung eines Palästinenserstaates, der ganz Palästina umfasst, wo einem jüdisch-israelischen Staat kein Platz eingeräumt werden kann. Ultra-orthodoxe Israelis träumen dagegen von einem Großisrael, das in den Grenzen, die es zur Zeit ihres einstigen Königs Salomo gab, entstehen soll. Das Beharren auf extremen Positionen lässt eigentlich von vornherein jegliche Lösung des Problems scheitern.

Eine etwas realistischere Auffassung denken die Palästinenser zu haben, die bereit sind, Israel als Staat in Palästina zu akzeptieren und ihn auch als solchen anerkennen würden, wenn sich Israel auf das Territorium zurückzieht, das ihm 1948 von der UNO zuerkannt worden ist, andere wären schon zufrieden, wenn es zu den Grenzen vor dem 6-Tage-Krieg des Jahres 1967 zurückkehrte.

Von den Israelis sind aufgrund der vielen negativen Erfahrungen, die sie mit ihren arabischen Nachbarn aber auch mit Palästinensern gemacht haben, immer wieder die Worte »Sicherheit für Israel« zu lesen und zu hören. Schon aus diesem Grunde kann und wird Israel nicht die Waffenstillstandslinie vor 1967 als eine endgültige Grenze akzeptieren, selbst wenn es aus diesem Grunde Sanktionen ertragen müsste oder sogar von allen Staaten der Welt isoliert würde. Dass die Sicherheit Israels wichtiger als die Anerkennung des Staates ist, zeigte sich zum Beispiel im Jahre 1982, als die arabischen Staaten die Absicht hatten, Israel unter bestimmten Bedingungen anerkennen zu wollen, wozu z.B. die Forderung gehörte, dass sich Israel dafür aus den 1967 besetzten Gebieten ganz zurückzieht.

Eine für die Palästinenser wichtige Forderung besteht darin, alle geflohenen oder vertriebenen palästinensischen Flüchtlinge, die es wollen, einschließlich ihrer Nachkommen, sich wieder in Palästina niederlassen zu können. Das wären laut Berechnungen des UN-Flüchtlingswerks UNRWA fast vier Millionen, nach palästinensischen Berechnungen sogar über 5 Millionen Personen. (67)

Die Israelis schließen eine Rückkehr der Flüchtlinge aus drei für sie wichtigen Gründen aus:

1. Sie beziehen sich auf ihr Rückkehrgesetz von 1950, das Juden aus aller Welt die Möglichkeit einräumt, sich in Israel niederzulassen und die bei ihrer Einreise sofort die israelische Staatsbürgerschaft erlangen können. Anders ausgedrückt, die Israelis benötigen *zusätzlichen Lebensraum* im Westjordanland.

2. Bei einer Überzahl der Palästinenser wäre die Sicherheit der israelischen Bevölkerung stark gefährdet.

3. Bei einer Rückkehr aller palästinensischen Flüchtlinge und Ihrer Nachkommen käme es faktisch zu einer Auflösung des jüdischen Staates, da die Anzahl der palästinensischen Ein-

wohner dann höher als die der Israelis wäre. Die israelische Dominanz wäre in diesem Fall völlig in Frage gestellt.

Die Palästinensische Autonomiebehörde, die gern ihren eigenen palästinensischen Staat im Westjordanland mit einer Verbindung zum Gazastreifen und mit Ostjerusalem als Hauptstadt errichten möchte, verwirft die auf Expansion ausgerichtete Siedlungspolitik Israels, d.h. die Zerstückelung des Westjordanlandes, wo eigentlich ein zusammenhängender Palästinenserstaat entstehen soll. Die Siedlung Ariel erstreckt sich z.B. 16 km (68) und die Siedlung *Maale Adumim* sogar 20 km ins palästinensische Land (69). Es wird befürchtet, dass vor allem die Zerstückelung des Westjordanlandes aufgrund der israelischen Siedlungen die Schaffung eines einheitlichen palästinensischen Staates sehr erschwert. Inzwischen werden bereits über 500 Straßensperren und Checkpoints von den Israelis im Westjordanland kontrolliert. (70) Diese Zerstückelungspolitik wird auch international stark kritisiert. Zu beachten gilt in diesem Zusammenhang, dass es Siedlungen gibt, die ausdrücklich von der israelischen Regierung genehmigt sind und solche, die illegal entstehen und oft nur toleriert werden, manche von solchen illegal entstandenen Siedlungen mussten jedoch schon geräumt werden und wohl auch schon deshalb, weil ihre Sicherheit nicht garantiert werden konnte.

Für Israel sind die Siedlungen von großem Interesse und das aus wenigstens drei Gründen:

1. Sie dienen dazu, ihren *Lebensraum* zu *erweitern*. Da es nicht mehrere jüdische Länder gibt, in denen Juden bei eventuellen Verfolgungen Schutz finden könnten, braucht Israel genügend Land, um im Falle eines Falles allen Juden anderer Länder eine Heimat bieten zu können. Israelische Regierungen unterstützen die Einwanderung von Juden und das schon aus dem Grunde, die Bevölkerungsanzahl hoch zu halten.

2. Einige Siedlungen könnten bei Verhandlungen, die doch noch zur Entstehung eines palästinensischen Staates führen, bei Kompromisslösungen gegen andere Vorteile ausgetauscht werden, wenn es um die Grenzziehung geht.

3. Bei manchen israelischen Politikern mag auch der Gedanke dahinterstecken, bei einer Zerstückelung des Westjordanlandes eine palästinensische Staatengründung praktisch unmöglich zu machen.

Um palästinensische Übergriffe auf Israel und vor allem Attentate zu verhindern, wurde unter dem israelischen Premierminister Ariel Scharon begonnen, eine Sperranlage zwischen Israel und dem Westjordanland zu errichten, die bei Fertigstellung über 700 km lang sein soll. Ein Teil davon verläuft auch östlich der so genannten »grünen Linie«, d.h. der Waffenstillstandslinie von 1948 auf palästinensischem Gebiet. (71)

Bei der Jerusalemfrage scheiden sich die Geister komplett; denn hier geht es zum Teil an die Wurzeln der religiösen Gefühle beider Seiten.

Die radikaleren Palästinenser möchten ganz Jerusalem zu ihrer Hauptstadt eines palästinensischen Staates machen, während sich die gemäßigtere Seite mit Ostjerusalem zufrieden gäbe. Ostjerusalem ist für sie besonders wichtig, weil sich hier ihre wichtigen Heiligtümer befinden – die Al-Aqsa-Moschee und der Felsendom. Sie wollen nicht nur Zugang zu diesen Stätten haben, sie sollen auch in ihr künftiges Staatsgebiet einverleibt werden. Sie sehen es bereits als eine Kompromisslösung gegenüber Israel an, wenn sie nur Ostjerusalem zurückfordern. Wie wichtig ihre Moschee ist, wird an einer anderen Stelle noch besonders verdeutlicht werden.

Die Israelis beanspruchen ganz Jerusalem als Hauptstadt und berufen sich darauf, dass sie bereits einst die Hauptstadt ihrer Väter gewesen ist, die von ihrem König David dazu gemacht wurde. Die an Jahwe glaubenden Juden sehen in der Eroberung von Jerusalem von 1967 sogar eine Erfüllung der Weissagung von Sacharja 12.1 und Hesekiel 34. Für sie ist der Tempelberg äußerst wichtig, weil hier an der Stelle der Moschee ihr Tempel gestanden hat, von dem nur noch die Mauer, die so genannte Klagemauer, vorhanden ist, die nun ihr bedeutendstes Heiligtum geworden ist. Die orthodoxen Juden möchten am liebsten die Moschee beseitigt sehen und den Tempel an ihrer Stelle erbauen. (72) Ein großer Teil der Bevölkerung – wahrscheinlich sogar die Mehrheit – möchte den Ostteil der Stadt, der im 6-Tage-Krieg 1967 von israelischen Truppen besetzt und durch einen Knesset-Beschluss 1980 annektiert worden ist (73), für immer in ihr Staatsgebiet eingegliedert sehen. Für sie sind weder Westjerusalem noch Ostjerusalem verhandelbar.

So kann man sich diesen andauernden Konflikt hauptsächlich nur damit erklären, dass sich beide Völker auf ihre geschichtlichen und den damit verbundenen religiösen Wurzeln in diesem Gebiet berufen.

Alle Außenminister, sei es von amerikanischer, europäischer Seite oder welcher Seite auch immer, die in diesem Streit vermittelt haben bzw. vermitteln, um eine dauerhafte Lösung zu finden, haben sich bisher schwer getan bzw. tun sich schwer, hier eine für beide Seiten akzeptable Friedenslösung zu finden. Hinzu kommt noch, dass die Präsidenten bzw. Ministerpräsidenten sowie die Außenminister nach Wahlen gewöhnlich wechseln und aufgrund ihrer zahlreichen Aufgaben und anderer anstehenden Konfliktlösungen, die es in der Welt gibt und oft dringlicher sind, gar keine Zeit haben, sich während ihrer kurzen Amtszeit intensiv mit der gesamten Nahostproblematik zu beschäftigen, d.h. alle bereits geschlossenen Abkommen gründlich zu studieren, sie versuchen zu verstehen etc.. Letztlich verstehen nur diejenigen, die es betrifft, die Situation einigermaßen; aber auch bei ihnen gibt es sehr unterschiedliche Auffassungen, was die Einschätzung der genauen Lage betrifft. Wenn überhaupt eine befriedigende Lösung gefunden werden kann, dann geht es nur via direkte Verhandlungen zwischen den Israelis und den Palästinensern und nicht durch einen Druck oder gar Zwang von außen. Von außen können höchstens Hilfestellungen geleistet werden, es können Vorschläge gemacht werden, die die Interessen beider Seiten bis zum Äußersten berücksichtigen.

Zu beachten ist, dass es bei einem geschichtlichen Rückblick zwei bis drei verpasste Chancen der Palästinenser aufgrund ihrer »Alles-oder-fast-alles-haben-wollen-Politik« bzw. kompromisslosen oder fast kompromisslosen Politik gegeben hat.

1. Die wichtigste verpasste Chance für sie war natürlich 1948, als es darum ging, neben einen israelischen auch einen palästinensischen Staat in diesem Gebiet zu gründen, die friedlich nebeneinander existieren. Das ist auch die Meinung von Mahmoud Abbas, die er in einem Interview am 28 Oktober 2011 geäußert hat. (74) Während die damaligen Führer des israelischen Volkes die Chance ergriffen, einen Staat zu etablieren, auch wenn es einige gab, denen das ihm zugesprochene Land nicht groß genug war, wie zwei wichtigen Vertretern der politischen Elite, Menachim Begin und Jitzhak Schamir, verwarfen die Palästinenser, unterstützt von den Regierungen umliegender arabischer Staaten den Teilungsplan. Das hat sich geschichtlich in den nachfolgenden Jahren für die gesamte Region sehr negativ ausgewirkt, wenn wir an die verschiedenen kriegerischen Auseinandersetzungen etc. denken. Wenn die Palästinenser wie auch die Staatsleute anderer arabischer Staaten damals einen Blick in die Zukunft gehabt hätten, wie es sich ohne die Annahme des Teilungsplanes entwickeln würde, hätten sie damals diese große Chance, einen eigenen Staat neben Israel zu etablieren, bestimmt ergriffen. Nun ist die Geschichte nicht bei 1948 stehengeblieben, sie hat sich gesetzmäßig weiterentwickelt, und das Gewordene kann nicht so ohne Weiteres rückgängig gemacht werden.

2. Die zweite große Chance, die verpasst wurde, einen Palästinenserstaat zu gründen, ergab sich im Juli 2000 während des Treffens zwischen Yasser Arafat, Ehud Barak und Bill Clinton in Washington. Hier ging es gerade darum, einen endgültigen Status für die bei den Osloer Verhandlungen von 1993 offengelassenen schwierigen Themen (Status von Jerusalem, Grenzziehung, Flüchtlingsfrage etc.) für die Konfliktregion zu finden. Ehud Barak ging in seinem Angebot aus israelischer Sicht verhältnismäßig sehr weit. Er bot den Palästinensern 90% des Westjordanlandes an und dazu noch Ostjerusalem als Hauptstadt ihres Staates. Obwohl der Tempelberg für die Juden so wichtig ist wie für die Palästinenser moslemischen Glaubens, wurde ihnen auch der Tempelberg angeboten. Worauf Barak jedoch Wert legte und was auch Clinton befürwortete, war, die Kontrolle über die Westmauer und den Bereich herum zu behalten. Arafat war damit einverstanden, er bestand nach Clintons Worten jedoch darauf, 16 Meter Land kontrollieren zu können, das zum Eingang des Tunnels der Westmauer führt. Dem konnte jedoch Barak nicht zustimmen, da ja der Tunnel Zutritt zu den Überresten des einstigen jüdischen Tempels bietet. (75) Dieses sowie der bereits o.g. Vorschlag zur Lösung der Flüchtlingsfrage waren für Arafat unannehmbar. Somit scheiterte dieser Camp-David-Gipfel. Die Folgeverhandlungen in Taba im Januar 2001 fanden in direkten Gesprächen zwischen Arafat und Barak statt. Es wurden wieder die vier Hauptthemen intensiv diskutiert, d.h. das Problem der Flüchtlinge, Sicherheit, Grenzen und der Status von Jerusalem. Aus ihrer gemeinsamen Erklärung geht hervor, dass sie niemals zuvor dem Erreichen eines Abkommens näher gewesen seien. Sie hatten sogar die Hoffnung geäußert, »dass die verbliebenen Lücken mit der Wiederaufnahme der Verhandlungen nach den israelischen Wahlen überbrückt werden könnten« (76). Anderen Verlautbarungen zufolge seien in Taba noch weniger Übereinkünfte erzielt worden als bei den Verhandlungen

in Camp David (77); dies könnte sich beispielsweise darauf beziehen, dass Barak das bei den Camp-David-Gesprächen gegebene Versprechen, die Kontrolle über den Tempelberg den Palästinensern zu übergeben, wieder zurückgenommen hatte (78). Was der Anteil des Westjordanlandes betrifft, ist Barak den Palästinensern jedoch weiter entgegengekommen als bei den Verhandlungen in Camp David, indem er den Palästinensern ungefähr 97% des Westjordanlandes anbot. (79) Wie dem auch sei, auch diese Verhandlungen, die zur Errichtung eines Palästinenserstaates führen sollten, gerieten in eine Sackgasse. Von nun an wurden die Osloer Verträge, die gerade das Ziel in Aussicht gestellt hatten, auch für die Palästinenser einen Staat zu schaffen, für gescheitert gehalten. Aber das zeigt deutlich, welche äußerst wichtige Rolle das Religiöse in dem Konflikt spielt. Ganz abgesehen davon, ob dieser Plan durchgegangen wäre, wenn beide Seiten ein solches Abkommen der Bevölkerung vorgelegt hätten und sie in einem Referendum darüber hätten abstimmen sollen. Auf alle Fälle ist eins deutlich geworden, wenn eine Lösung des Konflikts gefunden werden soll, sind alle Anstrengungen vergebens, wenn die religiöse Komponente, die besonders Jerusalem und da wiederum den Tempelberg betrifft, für beide Seiten nicht befriedigend berücksichtigt wird.

3. Zu erwähnen wäre noch eine spätere dritte Chance, die eventuell nach Abbas Meinung zu einem Friedensvertrag hätte führen können, die sich aus den Verhandlungen zwischen ihm und dem israelischen Ministerpräsidenten Olmert aus dem bereits o.g. »Konvergenzplan« ergaben. In dem bereits erwähnten Interview erwähnt Abbas, dass sie einem Friedensabkommen »sehr nahe« gewesen seien und die Verhandlungen wohl zu einem positiven Abschluss gekommen wären, wenn Olmert noch 2 bis drei Monate länger im Amt geblieben wäre. (80) Am Anfang der Verhandlungen lag wohl Olmerts Angebot den Palästinensern gegenüber

etwa in der Mitte zwischen Baraks Angebot von Camp David (Juli 2000) und dem von Taba (Januar 2001). (81) In den Verhandlungen sei Olmert sogar zu dem israelischen Ministerpräsidenten geworden, der den Palästinensern das großzügigste Angebot gemacht haben soll. (82) Das bezieht sich wohl hauptsächlich auf ein größeres Entgegenkommen, was die Rückkehr der Flüchtlinge betrifft und auf die Aussicht, Jerusalem eventuell doch teilen zu wollen. (83) In der Tat fehlte wohl für den angezielten Kompromiss der beiden innenpolitisch bereits geschwächten Politiker eine breite Unterstützung der jeweiligen Bevölkerung. (84)

Vorschläge von Friedenslösungen, die sich bis jetzt als illusorisch erwiesen haben und erweisen

Die Einstaatenlösung

Ein jüdisch-israelischer Staat, der ganz Palästina umschließt und in dem auch eine begrenzte Anzahl Palästinenser moslemischen Glaubens friedlich leben, ist für Israel akzeptabel. Ein großer Teil der Israelis sieht darin sogar die beste Lösung für das Problem. Ein palästinensischer Staat neben ihrem Staat ist für sie unvorstellbar. Es gibt moslemische Palästinenser, die schon jetzt sehr gut in dem säkularen Staat unter israelischer Flagge leben. Wichtig ist für sie vor allem, dass sie friedlich für ihren Lebensunterhalt sorgen können.

Eine *Einstaatenlösung* wünschen sich auch viele Palästinenser, aber da geht es um die Errichtung eines Palästinenserstaates, der ganz Palästina umfasst und in dem sicherlich auch eine begrenzte Anzahl Juden leben könnten. Sie möchten Israel als Staat am liebsten beseitigt sehen. Man kann es sich gut vorstellen, dass vor allem Politiker der Hamas davon träumen, nicht nur eine Front einiger arabischer Staaten gegen Israel errichten zu können, wie sie bereits einst gegen Israel 1948 und vor dem 6-Tage-Krieg 1967 bestand, sondern eines Tages sogar noch verstärkt von anderen zusätzlichen arabischen Staaten, die sich damals nicht beteiligten. Es wird vermutet, dass der Raketenbeschuss auf israelisches Territorium und Selbstmordattentate in Israel mit dazu beitragen sollen, eine solche Allianz gegen Israel entstehen zu lassen; schließlich wissen die Politiker der Hamas, wenn sie Israel auf diese Weise herausfordern, dass Israel unverhältnismäßig hart zuschlagen wird und es unter der Zivilbevölkerung starke Verluste geben wird sowie schreckliche Zerstörungen angerichtet werden. Das wiederum könnte dazu beitragen, erhöhtes Mitleid bei den verschiedenen arabischen Staaten zu erregen und sie auf diese Weise für eine gemeinsame Militäraktion gegen Israel zu gewinnen. Außerdem wird angenommen, dass die Politiker der Hamas damit versuchen, bei europäischen und anderen Staaten die Aufmerksamkeit auf ihre Lage zu lenken, die dann mithelfen sollen, Israel zu isolieren. Sollte das der Fall sein, dann hat sich diese Taktik für sie nicht ausgezahlt und würde wohl auch in Zukunft nichts Positives für das palästinensische Volk ausrichten.

Eine vorgeschlagene Kompromisslösung wäre die *binationale Lösung*, die einen einheitlichen demokratischen und säkularen israelisch-palästinensischen Staat vorsieht, in dem alle Bürger mit gleichen Rechten und gleichen Pflichten in diesem Staat leben und als solche am gesellschaftlichen und politischen Leben teilnehmen. Eine solche *Einheitsregierung* wurde bereits in den 1920er Jahren diskutiert, als Palästina noch unter der britischen Mandatsverwaltung stand. (85) Sicherlich gab es in der Vergangenheit und gibt es in der Gegenwart eine Reihe von Israelis und Palästinensern – wohl hauptsächlich friedliebende Intellektuelle -, die sich einen solchen Staat vorstellen können und auch in ihrem täglichen Leben gut damit zurechtkämen. In diesem Fall könnte eine Gesetzgebung geschaffen werden, die besagt, dass Palästinenser und Israelis aller vier Jahre den Präsidenten und Ministerpräsidenten stellen, etc. etc..

Hier würde es viele Möglichkeiten geben, um zu einen befriedigen-den Einvernehmen zu gelangen. Nur würde leider das gegenseitige Misstrauen, das sich im Laufe der Jahrzehnte konzipiert und sogar verschärft hat, nicht so schnell ausgeräumt werden; eine solche Lö-sung widerspricht zudem den sogenannten »Hardlinern«, von denen es auf beiden Seiten recht viele gibt. Vor allem verhindern die unter-schiedlichen religiösen Auffassungen die Realisierung eines solchen Staates. Wenn wir zudem bedenken, dass Sunniten und Schiiten, d.h. Menschen moslemischen Glaubens, Schwierigkeiten haben, gemein-same Regierungen zu bilden und friedlich miteinander zu leben, was würde das letztlich zwischen Juden und Moslems ergeben??? Da sind schon drei Fragezeichen angebracht. Wie es realistisch aussieht, kommt für Israel weder ein Einheitsstaat unter Israels Führung, in dem alle Palästinenser mit einem israelischen Pass versehen sind, in Frage noch ein gemeinsamer Israelisch-Palästinensischer Staat. So muss wohl die *binationale Einstaatenlösung*, wie sie so manchem vorschwebte und noch vorschwebt, als illusorisch eingestuft werden. Außerdem geht es ja bei der jüdischen Bevölkerung darum, einen eigenen jüdisch geprägten Staat zu haben, was in diesem Fall kom-plett zunichte gemacht würde.

Die *Einstaatenlösung* wie auch die *föderative Lösung* wurden ei-gentlich von der UNO schon vor Gründung des Staates Israel erwo-gen und diskutiert, jedoch für diese Art Lösungen keine Mehrheit gefunden, weil schon erahnt wurde, dass so etwas nicht funktio-nieren würde. Deshalb kam schon damals eigentlich nur eine *Zwei-staatenlösung* in Frage.

Die Zweistaatenlösung

Während die Hamas im Gazastreifen noch von einer *Einstaatenlö-sung* träumt, welche die Alleinherrschaft der Palästinenser für ganz Palästina vorsieht und Israel als Staat von der Landkarte verschwin-det, plädiert die Fatah-Autonomiebehörde für die Errichtung eines eigenen Staates, der aus dem Westjordanland und dem Gazastreifen und mit Ostjerusalem als Hauptstadt besteht. Das Verlangen nach einem Staat, der neben Israel existiert, wurde vor allem nach dem Jom-Kippur-Krieg von 1973 stark; denn man musste einsehen, dass Israel militärisch nicht zu besiegen ist, wenn es die USA als militärische Großmacht hinter sich weiß. (86) Deshalb hätte die *Einstaatenlösung* unter palästinensischer Führung oder gar eine Vertreibung der Israeliten aus Palästina keine Aussicht auf Erfolg. Nun hätten sie am liebsten all das Gebiet, was ihnen 1948 beim Teilungsplan der UNO zuerkannt worden war und was damals von ihnen selbst aufgrund ihrer Politik vom »Alles-haben-wollen« abgelehnt wurde. Wenn das nicht mehr möglich sein sollte, dann sollte Israel wenigstens alle beim 6-Tage-Krieg 1967 besetzten Gebiete aufgeben und sich in die Grenzen vor diesem Krieg zurückziehen. Sie berufen sich dabei auf den UN-Beschluss des UN-Sicherheitsrates vom 22. November 1967, der dies im Prinzip vorsieht und es wohl auch von der Mehrheit der UN-Mitglieder so gesehen wird.

Nun geht es vor allem der PLO, als völkerrechtlich anerkannte Vertreterin des palästinensischen Volkes, bereits seit Jahrzehnten darum, einen Staat neben Israel errichten zu können. Um bei der UN die staatliche Anerkennung zu erlangen, hat sie nichts unversucht gelassen, dieses Ziel zu erreichen. So hat die PLO seit 1974 einen Beobachterstatus bei der UNO und kann seit 1998 – zwar ohne Stimmrecht – an Debatten der UN-Generalversammlung teilnehmen. Das bedeutet für sie, ihr Anliegen vor diesem Gremium deutlich darlegen zu können und für die Schaffung ihres Staates bei der Völkerfamilie zu werben.

Vor allem in jüngster Zeit strengt sich die palästinensische Autonomiebehörde besonders an, ihren Staat mit allen souveränen Rechten endlich errichten zu können. So bemüht sich *Mahmud Abbas* verstärkt um die Anerkennung eines Palästinastaates als Vollmitglied der Vereinten Nationen und um die komplette Autonomie über die Gebiete Palästinas, die Israel 1967 besetzt hat. So wurde der PLO am 29. November 2012 von der Mehrheit der UN-Mitglieder der Beobachterstatus als »Staat Palästinas« zuerkannt. Obwohl dieser »Staat« eigentlich noch nicht als fertiges Gebilde existiert, ist er von einer Reihe von Regierungen als ein solcher anerkannt worden. Auch einige Länder der EU sind willig, es zu tun. Es gibt bereits Parlamente in Europa, die sich durch Abstimmung mehrheitlich für die Anerkennung des Palästinenser Staates ausgesprochen haben, obwohl die jeweiligen Regierungen sich nicht daran gebunden wissen. Schweden hat sogar als erstes größeres EU-Land im Oktober 2014 die Existenz dieses »Palästinensischen Staates« anerkannt. Die Frage wird natürlich diskutiert, ob solche Schritte den Friedensprozess fördern oder ihm eher schaden. Die palästinensische Autonomiebehörde sieht das natürlich sehr positiv, weil sie damit hofft, Israel zum Nachgeben zu zwingen, zumal die direkten Verhandlungen mit Israel nichts Definitives ergeben haben und sie davon ausgehen, dass sie nichts bringen werden. Alle, die sich diesbezüglich ein Urteil erlauben wollen, sollten sich auf alle Fälle vorher intensiv mit dem geschichtlichen, politischen, religiösen und sozialen Hintergrund beider Völker beschäftigen.

Während einer Fernsehdebatte über dieses Thema machte jemand sogar den Vorschlag, dass nach dem Vorbild der Deutsch-Französischen Aussöhnung auch ein Israelischer Staat und ein Palästinensischer Staat in ähnlicher Weise miteinander auskommen könnten. Hierzu ist zu bemerken, dass es sich bei Deutschland und Frankreich um zwei souveräne Staaten handelt, die eine jahrzehntelange Feindschaft nach mehreren verheerenden Kriegen beenden wollten. Wenn diese zwei Staaten nicht in der EU eingebettet wären, in der sie beide eine gewisse Verantwortung für die gesamte EU trügen, könnte man sogar skeptisch sein, ob es da nicht inzwischen wieder zu starken Feindseligkeiten bis hin zu kriegerischen Auseinandersetzungen gekommen wäre. Insofern ist die EU ein Segen für Europa. Leider gibt es in verschiedenen europäischen Ländern nationalistische Bestrebungen, die darauf hinzielen, wieder Grenzen zwischen den europäischen Ländern einzuführen und den

Euro, den die meisten EU-Staaten als Zahlungsmittel haben, nach Möglichkeit wieder abzuschaffen. Für Palästinenser und Israelis ist jedenfalls zurzeit eine Lösung wie sie zwischen Deutschland und Frankreich innerhalb der EU gefunden worden ist, noch völlig undenkbar.

Von israelischer Seite wird die »Zweistaatenlösung«, wie sie die PLO vorsieht und deren Meinung von Politikern vieler Länder geteilt wird, abgelehnt, da ein komplett souveräner palästinensischer Staat den *Sicherheitsinteressen Israels* aus verschiedenen Gründen widerspreche:

1. Ein souveräner Palästinenserstaat mit Grenzen zu anderen arabischen Staaten könnte sich schließlich militärisch so aufrüsten, dass er eines Tages aus unvorhersehbaren Gründen zu einer Gefahr für Israel werden könnte.

2. Selbst wenn die Regierung eines Palästinenserstaates sich für die friedliche Koexistenz einsetzen würde und dieses auch vertraglich festgelegt würde, besteht trotzdem auf israelischer Seite die Skepsis, ob ein solcher Staat nicht doch eines Tages vertragsbrüchig werden könnte. Zudem gibt es innerhalb der Palästinenser Gruppen wie die Hamas u.a., die sowieso schon die Vernichtung Israels zum Ziel hätten.

3. Das Verlangen der Palästinenser, dass sich Israel auf die Grenzen von 1967 zurückzieht, sei für Israel jedenfalls ausgeschlossen. Israel bezieht sich darauf, dass es sich vor dem 6-Tage-Krieg um eine Waffenstillstandslinie gehandelt habe und nicht um eine offiziell anerkannte Grenze. Auch die Übereinkunft von Oslo beinhalte, dass die Vereinbarung von Grenzen zu einem späteren Zeitpunkt stattfinden solle. Zudem spreche der englische Wortlaut der UN Resolution 242 nicht von der Rückgabe aller besetzten Gebiete, sondern nur von der Rückgabe besetzten Gebietes. So hält ein

Teil der politischen Elite Israels diese Angelegenheit nach der Rückgabe der Sinaihalbinsel an Ägypten im Jahre 1979, die bereits etwa 91% des besetzten Gebietes ausmachte, im Großen und Ganzen für geregelt. (87) Alle anderen territorialen Zugeständnisse an die Palästinenser entsprächen demnach wohl mehr einer »Politik des guten Willens«.

4. Eine *Zweistaatenlösung* könne nur unter Berücksichtigung der Sicherheitsinteressen Israels zustande kommen und nur mit direkten Verhandlungen zwischen Israel und der Fatah, sicherlich mit Hilfe anderer Staaten aber ohne Druck von ihnen. Dass es bis jetzt so wenige Fortschritte um einen echten Frieden gegeben habe, liege vor allem daran, dass die Fatah noch nicht in der Lage gewesen sei, die Hamas zu entwaffnen und auch keinen Erfolg gehabt habe, sie dazu zu bewegen, Israels Existenzrecht anzuerkennen. Auf alle Fälle sei Israel selbst unter »schmerzhaften Kompromissen« bei der Schaffung eines Palästinenserstaates bereit und behilflich, wie hin und wieder betont wird, wenn auf palästinensischer Seite Verständnis für Israels *Sicherheitsinteressen* vorhanden wäre und die palästinensische Autonomiebehörde auf Maximalforderungen verzichtete, wie auf eine Grenzziehung, wie sie pro forma vor 1967 existierte und die Forderung Ostjerusalem zur Hauptstadt eines Palästinenserstaates machen zu wollen, aufgäben. (88)

Die Dreistaatenlösung

Aufgrund der gespaltenen Sicht der Fatah und der Hamas bezüglich der Zukunft eines gemeinsamen Staates in dieser Region wird auch verschiedentlich über eine *Dreistaatenlösung* nachgedacht. In diesem Fall könnte, solange die Hamas Israels Existenzrecht noch nicht anerkannt hat, zunächst ein »Palästinensischer Staat« im Westjordanland ohne den Gazastreifen entstehen. Nach einer Anerkennung des Existenzrechtes Israels von der Hamas – und nur unter dieser

Bedingung – könnte auch eines Tages ein zweiter Palästinenserstaat im Gazastreifen geschaffen werden. Da keine echte territoriale Verbindung zwischen dem Westjordanland und dem Gazastreifen besteht, wäre eine solche Lösung durchaus denkbar. Zudem brauchte bei zwei separaten Palästinenserstaaten nicht unbedingt eine Verkehrsverbindungstraße zwischen dem Gazastreifen und dem Westjordanland hergestellt zu werden, die israelisches Gebiet durchkreuzte. Ob es aus israelischer Sicht leichter oder schwieriger wäre mit zwei kleineren Palästinenserstaaten auszukommen oder mit einem und dafür viel Größerem ist meines Erachtens nicht so einfach abzuschätzen.

Sicherlich gibt es auf israelischer Seite verständlicherweise die Vorstellung, dass es besser wäre, sich der Errichtung eines einheitlichen Palästinenserstaates solange zu widersetzen, bis die Hamas das Existenzrecht Israels anerkannt hat. Deshalb wäre es für alle Palästinenser vorteilhaft, wenn das schnellstens geschähe. Je länger die Hamas mit der Anerkennung Israels zögert, umso nachteiliger wird es sich auf die Gründung eines einheitlichen Palästinenserstaates auswirken und vielleicht sogar für immer, einen eigenen Staat in dieser Region errichten zu können, zunichtemachen; denn wie es die Geschichte gezeigt hat und worauf schon mehrmals hingewiesen wurde, hat sich gerade diese Politik mit Maximalforderungen seitens der Palästinenser bis jetzt immer negativ auf das palästinensische Volk ausgewirkt. Anders ausgedrückt, ein Palästinenserstaat hätte längst bestehen können, wenn auch die Hamas Israels Existenzrecht bereits anerkannt hätte.

– Aus der Sicht der Fatah

Wenn es auch schneller ohne die Hamas und deren Gazastreifen zu einem säkularen palästinensischen Staat im Westjordanland kommen könnte, besteht jedoch die Befürchtung, dass der Graben, der zwischen der Hamas und der Fatah bereits existiert, noch vertieft werden könnte und sich eventuell die Schaffung eines gemeinsamen Staates in unsichtbare Ferne verschieben würde oder gar für immer unmöglich machte, was nicht gerade im Interesse eines Volkes sein könne. Schließlich fühle man sich auch geeint stärker.

– Aus der Sicht der Hamas

Einerseits könnte die Hamas, wenn sie sich mal durchgerungen hat, Israel anzuerkennen, ungehindert den gewollten theokratischen Staat schaffen, anderseits wird auch sie wohl einen einheitlichen Palästinenserstaat vorziehen und das schon aus dem Grunde, da dann die Einwohner von Gaza via einer Verkehrsverbindungsstraße, die zwischen den Gazastreifen und dem Westjordanland geschaffen werden müsste, ungehinderten Zugang zu den Heiligtümern in Jerusalem hätten. Sollte es sich zudem um einen föderativen bzw. föderalen Palästinenserstaat handeln, könnte dann im »Gazaland« mehr auf religiöse islamische Gewohnheiten gelegt werden als in einem wohl mehr säkularen Westjordanland.

Da sich die Palästinenser im Gazastreifen und diejenigen im Westjordanland zu demselben Volk gehörend verstehen, kommt wohl für beide Seiten eine *Dreistaatenlösung* nicht in Frage.

– Aus israelischer Sicht

Israel müsste befürchten, dass im Falle von zwei Palästinenserstaaten, mit denen dann bereits definitive territoriale Vereinbarungen getroffen worden wären, sich beide Seiten – einem inneren Drange folgend – nach einer gewissen Zeit doch noch zusammenschließen wollen, was die Gefahr unnötigen Zündstoffes für neue Konflikte in sich bärge, zumal dann das Verlangen nach einer Verbindungsstraße zwischen dem Gazastreifen und dem Westjordanland aktuell würde.

Bei der sofortigen Schaffung eines einheitlichen Palästinenserstaates ergäbe sich für Israel der Vorteil, dass bei den Verhandlungen gleich an einer dauerhaften Lösung gearbeitet werden kann, bei der es dann auch um die Errichtung der o.g. *Verkehrsverbindungsstrecke* zwischen den Gazastreifen und dem Jordanland geht und die dann durch bzw. über den Staat Israel führen würde. Obwohl Israel bei der Grenzziehung wohl einige kleinere Siedlungen im Westjordanland aufgeben muss, wird es für das Entgegenkommen vom Bau einer solchen Verbindungsstrecke sicherlich größere Siedlungen im Westjordanland Israel angliedern wollen. Die Aufgabe einiger Siedlungen wie auch die Errichtung einer Verkehrsader zwischen dem Gazastreifen und dem Westjordanland gehören sicherlich zu den »schmerzhaften Kompromissen«, zu denen Israel bei der Schaffung eines Palästinenserstaate bereit wäre. Eine solche Straße würde in diesem Falle – und darauf wird Israel bestehen – auch von Israel kontrolliert werden, was aus israelischer Sicht auch verständlich ist. Somit wäre auch für Israel die *Dreistaatenlösung* vom Tisch.

Da alle bisherigen Anstrengungen von wem auch immer nicht zu einer Friedenslösung geführt haben, da sie entweder für die eine oder andere Seite oder für beide Kontrahenten nicht akzeptabel gewesen sind, geht es nun darum, mit viel Geschick sich sachlich und sehr diplomatisch mit der komplizierten Problematik auseinanderzusetzen. Auf alle Fälle müssen *neue Ansätze* gefunden werden, um zu einer für beide Seiten annehmbaren befriedigenden Lösung zu kommen – und diese gibt es sicherlich. Da auch viele die Ursache von manchen anderen weltweiten Konflikten gerade im Nahostkonflikt erblicken, wird immer mehr darauf gedrängt, endlich den Wunsch der Völkerfamilie zu erfüllen, in dieser Gegend zu einer dauerhaften Friedenslösung zu kommen.

In diesem Zusammenhang sollen nur einige Basisgedanken erörtert werden, die dann von Spezialisten aufgegriffen werden könnten. Ein Sprichwort weist zwar darauf hin, dass der Teufel im Detail stecke. Das mag zwar in gewisser Hinsicht stimmen, es muss aber nicht notwendigerweise so sein, wenn es der heiße Wunsch beider Seiten ist, harmonisch zusammenleben zu wollen.

Um diesen Gedanken abzuschließen, sei noch zu bemerken, was zum Teil bereits erwähnt wurde, dass sich vor allem Intellektuelle beider Seiten eine *binationale Einstaatenlösung*, eine *Zweistaatenlösung*, eine *Dreistaatenlösung* und auch eine *föderative Struktur* unter welcher Führung auch immer im »Heiligen Land« vorstellen können. (89) Hier geht es jedoch um die Mehrheit der Bevölkerung auf beiden Seiten, die von religiös-nationalistischen und zum Teil auch extrem-nationalistischen Trieben bzw. Gefühlen gesteuert werden. Weil auf beiden Seiten dafür eine Befriedigung gesucht wird, werden keine substantiellen Fortschritte, die zu einer dauerhaften friedlichen Lösung führen, gemacht. Vielleicht gelingt es trotzdem der Völkergemeinschaft so schnell wie möglich, einen gangbaren Weg zu finden, indem beide Seiten für ein »Superprojekt« begeistert werden, das auch nach einer gewissen »Aufklärungszeit« die Zustimmung bei dem größten Teil der Bevölkerung beider Seiten findet.

Wenn es keine Lösung vom »Alles-haben-wollen« gibt und beide Seiten keiner Vernunftlösung zustimmen, dann wäre der »Status quo« jedenfalls noch unzählige Male besser, als Krieg zu führen, der nur zerstört und die Bevölkerung unnötig leiden lässt.

Wie so mancher neutrale Beobachter des Konflikts die Situation einschätzt

Vor allem diejenigen, die weder ihre Wurzeln in einem der Völker haben und sich vielleicht noch nicht so intensiv mit der Problematik beschäftigt haben, machen es sich oft zu leicht, die eine oder andere Seite zu verdammen. Für sie ist fast alles möglich, wie zum

Beispiel ein großer Staat Palästina, in dem Israelis, Palästinenser und andre Volksgruppen, wie es in so manchen Staaten der Erde möglich ist, harmonisch zusammenleben, in Parteien organisiert sind, d.h. Parteien, in denen Palästinenser, Israelis u.a. gemischt organisiert sind und bei freien Wahlen dann Regierungen bilden, die für alle Einwohner sprechen. Andere wiederum meinen, die Erschaffung eines völlig souveränen Palästinenserstaates mit allen Vollmachten ausgestattet, der neben Israel besteht, sei die ideale Lösung. Da *Mahmoud Abbas* diesen Staat bereits pro forma ausgerufen hat, bemühen sich deshalb verschiedene Länder, diesen »Pro-forma-Palästinenserstaat« anzuerkennen. Da die Fatah in ihren Verhandlungen mit Israel nicht vorankommt, begrüßt sie natürlich diese »Pro-forma-Anerkennung« und denkt, je mehr Staaten es tun, umso eher wird Israel einlenken oder sich gezwungen sehen, endlich nachzugeben und sich dem Willen der Völkerfamilie unterzuordnen. Wenn mal Israel sich in der kompletten Isolation befindet, werde es keine andere Wahl haben, als den Forderungen der Palästinenser nachzukommen. Selbst wenn manche Regierungen aus bestimmten und sicherlich auch aus berechtigten Gründen mit der Anerkennung zurückhaltend sind, da ja ein »Palästinenserstaat« noch nicht gebietsmäßig besteht, haben sich manche Parlamente – wie bereits erwähnt – für die Anerkennung dieses Staates ausgesprochen, wenn auch die jeweiligen Regierungen nicht daran gebunden sind. Sie hoffen jedoch, auf ihre Regierungen Druck auszuüben, um diesen Schritt zu tun, zumindest wollen sie jedoch auf diese Weise Abbas Forderungen unterstützen. Es ist jedoch stark anzunehmen, dass sich solche Hoffnungen als illusorisch erweisen werden.

Das Dilemma, in das beide Seiten allmählich hineinmanövriert worden sind und aus dem es schwer ist, wieder herauszukommen, besteht auf israelischer Seite darin, dass es mit der Siedlungspolitik und der Zerstückelung des Westjordanlandes – wohl aus verständlichen sicherheitspolitischen Überlegungen – die Errichtung eines Palästinenserstaates fast unmöglich gemacht hat. Bei einer

weiteren Übertreibung dieser Politik könnte der Wunsch der pa-
lästinisch-arabischen Bevölkerung vor allem im Westjordanland
sogar noch dahin gehen, auf einen eigenen Staat ganz und gar
zu verzichten und als gleichberechtige Bürger in den Staat Israel
eingegliedert zu werden, wodurch Israel praktisch zu einem bi-na-
tionalen Staat würde, mit dem Risiko, dass die Palästinenser innerhalb des Staates allmählich die Oberhand gewönnen und der
Staat Israel, wie er ursprünglich konzipiert worden ist, oder von so
manchen Politikern sogar als »jüdischer Staat« gesehen wird, nicht
mehr existieren würde. Interessant ist in diesem Zusammenhang
die Äußerung des damaligen Vize-Ministerpräsidenten Olmert, der
in einem Interview mit dem Journal *Yediot Aharonot* im Dezember
2003 erklärte, dass die Palästinenser eines Tages sagen werden:
»Es ist kein Platz für zwei Staaten zwischen dem Jordan und der
See. Alles, was wir wollen, ist das Recht zu wählen.« Olmert fügt
hinzu: »An dem Tage, wenn sie das bekommen, werden wir alles
verlieren.« (90) Ähnlich äußerte er sich – in diesem Fall als Premierminister – in einem Interview mit *Haaretz* im November 2007, dass
nämlich bei einem »gleichen Wahlrecht« der Palästinenser – falls es
nicht zu einer »Zweistaatenlösung« kommen würde, es das Ende
des Staates Israel bedeuten würde. (91)

Das Dilemma der Palästinenser besteht vor allem darin, mit ihrer
kompromisslosen Haltung bei Verhandlungen mit Israel in den
vergangenen Jahrzehnten, die Gründung eines eigenen Staates
verzögert und wenn es so weiter geht, sogar verpasst haben. Vielleicht wären auch die Verhandlungen der Fatah mit Israel in der
Vergangenheit viel positiver verlaufen, wenn die Hamas den Staat
Israel bereits anerkannt hätte.

Wie dem auch sei, es muss ein ganz neuer Weg beschritten, ein
ganz neuer Ansatz gefunden werden, um zu einer echten Friedenslösung im »Heiligen Land« zu kommen.

Wie es zu einer realistischen und vernünftigen Friedenslösung kommen könnte

1. Um die Möglichkeiten einer intelligenten Lösung auszuloten, gilt es zunächst, die geschichtlich-gesetzmäßig zustande gekommene Situation – sei sie vorteilhaft oder nachteilig für das eigene Volk – als gegebene Basis für Verhandlungsfortschritte in den bilateralen Beziehungen zu akzeptieren. Dabei gilt es zu verstehen, dass es unrealistisch ist, Israel zu zwingen, sich ganz und gar auf die Waffenstillstandslinie vor 1967 zurückzuziehen. Wer sich mit den bereits stattgefundenen Zwischenergebnissen von Verhandlungen zwischen den Israelis und den Palästinensern befasst, erkennt hier sicherlich bereits eine kleine Flexibilität bei den palästinensischen Verhandlungspartnern, die jedoch für die Israelis noch nicht befriedigend ist und für sie aus »Sicherheitsgründen« nicht weit genug geht.

2. Kein Volk kann den Anspruch erheben, besser zu sein oder ethisch höher zu stehen als ein anderes Volk. Alle Menschen – seien es in diesem Zusammenhang Palästinenser oder Israelis – sind in ihren Handlungen und Entscheidungen von *Trieben* abhängig, die ihre Wurzeln in ihrer Erbmasse haben und durch Erziehung und Einflüsse des Umfeldes usw. so geworden sind, wie sie sind. Politiker, Selbstmordattentäter, Raketenwerfer usw. sind davon nicht ausgeschlossen. So hat beispielsweise die religiös-nationalistisch geprägte Triebwelt der Hamasleute sie dazu verführt, Israel mit Terrorakten und kriegerischen Auseinandersetzungen bezwingen zu wollen, statt lieber alle zur Verfügung stehenden Geldmittel und Kräfte für friedliche Zwecke im Gazastreifen einzusetzen, die dem Wohlstand der eigenen Bevölkerung zugutekommen. Da jedoch niemand sich selbst zu dem

macht, der man ist, sondern so geworden ist, wie man ist, kann auch niemand – von dieser Warte betrachtet – die Hamasleute verurteilen. Dieses »Sogewordensein« – wofür sie schließlich nichts können – muss einfach akzeptiert werden. Anders lautende Behauptungen entsprechen meines Erachtens nicht dem realistischen Menschenbild. Es kann jedoch geschehen – und darauf wartet die Weltgemeinschaft, dass es bei ihnen recht bald zu einer Erleuchtung kommen möge, die sie zu einer realistischen Einschätzung der Lage führt, wodurch sie veranlasst werden, Israel als Staat anzuerkennen und sich mit friedlichen Mitteln für einen friedliebenden Palästinenserstaat zu engagieren.

3. Um das gegenseitige »Sogewordensein« bzw. »Andersgewordensein« zu akzeptieren, gilt es zu verstehen – und in diesem Fall geht es ja um die Palästinenser und um die Israelis – , dass die Palästinenser, wenn sie sich an der Stelle der Israelis befänden, genauso gehandelt hätten bzw. handeln würden wie sie, und die Israelis würden sich an der Stelle der Palästinenser so wie sie verhalten. Da bei der Beurteilung von allen, die versuchen wollen, den Konflikt zu lösen von einem falschen, d.h. unrealistischen Menschenbild und wohl auch bei vielen Gläubigen der Betroffenen von einem falschen Gottesbild ausgegangen wird, wird das gegenseitige Verständnis erschwert, sodass es zu Beschuldigungen statt zu Entschuldigungen kommt.

4. Politiker, deren Entscheidungen vom *Vernunfttrieb* und nicht von fanatisch-religiösen oder nationalistischen oder rachesüchtigen *Trieben* gesteuert werden, werden den gesetzmäßig-geschichtlich zustande gekommenen *Status quo* immer vorziehen, statt ihn durch irgendwelche Gewaltanwendungen beseitigen zu wollen. Leider wird der *Vernunftrieb* oft von anderen *Trieben* überlagert oder so überwuchert, dass er manchmal erstickt wird. Aber auch das gehört zum Men-

schenbild – ein Blick in die Nachrichten, die vom eigenen Land oder anderen Ländern berichten, genügt, um das zu verstehen.

5. Wenn der vorhandene *Status quo* keine echte Befriedigung bringt, Unsicherheit und Misstrauen schürt, was sich wohl bei den Israelis und bei den Palästinensern so ergeben hat und dieser für eine große Anzahl der Bevölkerung unerträgliche Zustand beseitigt werden soll, gilt es, aus dem Sogewordenen, etwas Besseres zu machen – etwas, was beide Seiten – wenn auch nicht ganz – so doch einigermaßen befriedigen könnte. Auf alle Fälle sollten Krieg und Terrorismus, ein sich gegenseitiges Ärgern, ein sich gegenseitiges Höllendasein bereiten, ein sich gegenseitiges Vernichten wollen, als *völlig abnormal* und von beiden Seiten als unakzeptabel verworfen werden, es sollte als der *universellen Norm* zuwiderhandelnd eingestuft werden; und alle an dem Konflikt Beteiligten sollten dem eine komplette Absage erteilen. Rache und Hass sind noch nie gute Ratgeber gewesen. Das bringt nur Leid, Tod und Zerstörung – soweit sollten wir mit unseren geschichtlichen Erfahrungen bereits gekommen sein, dass das nicht den vernünftigen Vorstellungen einer »heilen Welt« entspricht, nach der sich wohl der größte Teil der Menschheit sehnt.

6. Das Verständnis für die gegenseitige Position ist von ungeheurer Bedeutung, wenn es überhaupt Fortschritte in den bilateralen Beziehungen geben soll. Diesbezüglich ist sicherlich eine *umfassende Aufklärung* der jeweiligen Bevölkerung vonnöten. Das setzt aber voraus, dass diejenigen, die die politische Verantwortung der beiden Seiten tragen, selbst erst einmal von der Notwendigkeit einer »Verständnishaltung« überzeugt sein müssen bzw. überzeugt werden müssen. Diese Aufklärungsarbeit könnte zum Teil innenpolitisch von einem »Rat der Weisen« der jeweiligen Seite erfolgen, aber auch von außen mit Hilfe von »weisen Diplomaten«.

Grundgedanken, die für das gegenseitige Verständnis relevant sind

Verständnis der Palästinenser für die Israelis

Weise Palästinenser verstehen Folgendes: Sie kennen die Geschichte des jüdischen Israels aus alttestamentlicher und neutestamentlicher Zeit, aber vor allem auch die der letzten Jahrhunderte, den Holocaust usw.. Sie begreifen, dass Juden aufgrund ihrer besonderen Religion nicht völlig in einem anderen Volk aufgehen können, d.h. nicht so, wie es wohl bei den anderen 11 Stämmen Israels geschehen sein muss und sich die Gelehrten darüber streiten, in welchen Völkern sie zu finden sein könnten. Leider ist ihr *Anderssein* nicht immer von verschiedenen Bevölkerungsschichten und sogar auch von Regierungen toleriert worden, was sie oft zu Vertriebenen oder Flüchtlingen machte. Deshalb bestand ihr Wunsch darin, ein eigenes Land zu haben, in dem sie sicher leben können. Dass sie dort einen eigenen Staat errichten wollten, wo sie einst – wenn auch lange zurück – ihren Staat hatten, d.h. da, wo ihre Urväter beheimatet waren und begraben sind, sollte eigentlich nur die wenigsten verwundern. Es ist auch verständlich, dass sie sich um die Schaffung dieses Staates bemühten und diesen Staat gründeten, als es weltpolitisch für sie möglich und günstig war, d.h. es sich gesetzmäßig-geschichtlich, gesetzmäßig-politisch so ergab. Wer wollte es ihnen verdenken?

Dass die Israelis bei einem dauerhaften Friedensabkommen in *gesicherten Grenzen* leben möchten, sollte verständlich sein, zumal wir Palästinenser und andere arabische Staaten mit dazu beigetragen haben, dass bei ihnen dieses übertriebene Sicherheitsbedürfnis vorhanden ist und uns gegenüber diesbezüglich ein starkes Misstrauen besteht, das nicht so schnell abgebaut werden kann. Wir denken an den Krieg gegen Israel ganz am Anfang ihres Bestehens, an die Vorbereitungen zum Krieg gegen Israel, die 1967 zum 6-Tage-Krieg führten, an den Yom-Kippur-Krieg von 1973, an die zahlreichen Selbstmordattentate, die sich gegen die israelische Bevölkerung richteten, an den Raketenbeschuss auf israelisches Territorium – an all dass, was sich nicht gerade vorteilhaft auf uns ausgewirkt hat.

Leider haben auch andere arabische Staaten, die sich mit uns solidarisch erklärten und Israelis aus ihren Ländern vertrieben, mit dazu beigetragen, die israelische Bevölkerung in Israel stark anwachsen zu lassen, da sich viele von Ihnen in Israel niedergelassen haben und indirekt zur Siedlungspolitik Israels im Westjordanland beigetragen haben.

Wie auch wir ein traditionsreiches religiöses Leben kennen und daran festhalten sowie unsere Heiligtümer in Ehre halten, so verstehen wir auch das Interesse der jüdisch-religiösen Israelis, ihre Religion ungehindert ausüben zu können und den Wunsch, ihren Tempel wieder errichten zu wollen. Während wir neben der *Al-Aqsa-Moschee* in Jerusalem noch die *Al-Haram-Moschee* mit dem zentralen Heiligtum der *Kaaba* in Mekka als das wichtigste Heiligtum und die *Propheten-Moschee* mit dem Grab des Propheten Mohamed in Medina als zweitwichtiges Heiligtum haben, gibt es bei den Israelis als ihr wichtigstes Heiligtum nur die *Klagemauer* in Jerusalem. Es ist verständlich, dass sie den Gebietsanteil, in dem sich die Klagemauer befindet und der ihnen so äußerst wichtig ist, nicht nur gern, sondern auf alle Fälle behalten möchten.

Da wir 1948 das Angebot der UN, einen eigenen Staat neben Israel errichten zu können, abgelehnt haben und uns lieber in militärische Abenteuer eingelassen haben, die sich nachteilig auf uns ausgewirkt haben, haben wir leider die sich so ergebenen territorialen Veränderungen nach 1948 als Ergebnis davon anzuerkennen. Nun gehen wir ja von unserer Religion davon aus, dass Freud und Leid von Allah kommen, warum tun wir uns so schwer, wenn es darum geht, Israels Existenz in Palästina als »von Allah gewollt« hinzunehmen. Könnte es sein, dass wir, indem wir gegen Israel gekämpft haben, gegen »Allahs Willen« gekämpft haben und auch deshalb stetig verloren haben? Zudem könnten wir uns abfragen, ob unsere so genannten »Freiheitskämpfer«, die durch Selbstmordattentate ihr Blut vergossen haben und andere mit in den Tod gerissen haben, letztlich doch nichts Positives für unser Volk erreicht haben, sondern eher mit solchen Akten das Gegenteil bewirkt haben. Schließlich sind, das haben wir feststellen können, solche Aktionen eher kontraproduktiv. Könnte nicht Allahs Segen auf uns ruhen, wenn wir alles tun, nicht nur Israel in Frieden existieren zu lassen, sondern Israel als Freund zu gewinnen?

Verständnis der Israelis für die Palästinenser

Als Israelis können wir heilfroh sein, dass der langersehnte Wunsch, in einem eigenen Land leben zu können, wenigstens von der Mehrheit der Völkergemeinschaft erfüllt worden ist und sich 1948 die Gelegenheit, einen Staat zu gründen, weltpolitisch so ergab. Wenn auch die Palästinenser nie einen eigenen Staat in der Vergangenheit in dieser Region hatten, so hatten sie sich doch in dieser Gegend hauptsächlich als Nomaden das Land mehrheitlich bevölkert. Deshalb ist es verständlich, wenn auch sie ein eigenes Staatsgebiet in dieser Gegend beanspruchen. Ein israelischer Staat, der ganz Palästina umfasst, war von der Völkerfamilie für uns nicht vorgesehen, deshalb gab es diesen Teilungsplan. Wenn auch aufgrund unserer *Sicherheitsinteressen* und den vergangenen Erfahrungen, die damit verbunden sind, leider nicht die von der UNO ursprünglich vorgesehene Grenzziehung von 1948 und selbst die Waffenstillstandslinie, die vor dem 6-Tage-Krieg von 1967 bestand, nicht mehr bindend für uns sein kann, so müssen wir jedoch alles unternehmen, die Palästinenser soweit wie möglich zufriedenzustellen, ohne unsere *Sicherheitsinteressen* aufs Spiel zu setzen.

Da wir im Laufe unserer Geschichte oft schlechte Erfahrungen aufgrund unseres Anderssein und Andersglauben mit verschiedenen Völkern erlebt haben und deshalb gehasst, verfolgt und vertrieben worden sind, sollten wir aus unserer eigenen Geschichte gelernt haben und dasselbe nicht Anderen antun, was auch leider in der Vergangenheit geschehen ist, wenn wir an die Vertreibung vieler Palästinenser aus ihrem Wohngebiet denken. Wenn es auch wegen unserer *Sicherheitsinteressen* nicht mehr möglich ist, allen geflohenen und vertriebenen Palästinensern mit ihren Nachkommen zurückkommen zu lassen, müssen wir noch besser als bisher um dieses Verständnis werben und mit der Völkerfamilie eine Lösung für sie suchen, damit sie friedlich einer gesicherten Zukunft entgegengehen.

Wie wir für uns fromme Juden die Klagemauer unser Heiligtum ist, so haben wir die sich so ergebene geschichtliche Vergangenheit der Palästinenser in dieser Region mit ihrer moslemischen Tradition zu akzeptieren sowie ihre Heiligtümer zu schätzen. Dazu gehören in Jerusalem die Al-Aqsa-Moschee und der Felsendom. Das bedeutet, bei einer Friedenslösung, die für beide Seiten akzeptabel sein soll, muss auch hierfür ein gutes Einvernehmen erzielt werden. Unser Ziel muss sein, mit den Palästinensern in Frieden freundschaftlich Seite an Seite zu leben.

Das wären so einige Grundgedanken, die für das gegenseitige Verständnis von herausragender Bedeutung sind.

Grundgedanken einer realistischen Friedenslösung

Mit dem Wissen im Hintergrund, dass alle bisherigen Verhandlungen, um im Friedensprozess voranzukommen, quasi gescheitert sind, heißt es nun, ganz neue Ansatzpunkte für Gespräche zu finden und zu setzen, sollen beide Seiten zu einem Kompromiss bereit sein.

Wie oben ausgeführt, geht es zunächst darum, innezuhalten und sich abzufragen, was die bisherigen Konfrontationen auf den verschiedenen Gebieten für beide Völker gebracht haben. Zu denken ist an das gegenseitige Leid, das der einen und der anderen Seite zugefügt worden ist, an die vielen Toten, Verwundeten, Vertriebenen, die es gegeben hat und an die Zerstörungen von Infrastrukturen, Wohnhäusern etc.. Das alles hätte vermieden werden können, wenn 1947/48, als es darum ging, zwei Staaten in Palästina zu gründen, *auf beiden Seiten* die Bereitschaft bestanden hätte, hier friedlich und im gegenseitigen Einvernehmen mit Verantwortlichen anderer Staaten gute Lösungen für ein kooperatives Miteinander zu finden.

Worauf ebenfalls an anderer Stelle bereits hingewiesen wurde, gilt es, Verständnis füreinander von theologischer, psychologischer, soziologischer Seite aufzubringen, wissend, dass die Palästinenser an der Stelle der Israelis in der Vergangenheit genauso wie sie gehandelt hätten und umgekehrt ebenso. Man stelle sich nur mal Folgendes vor, anstelle der arabischen Staaten würden israelisch-jüdische Staaten existieren und nur ein kleiner islamisch geprägter palästinensischer Staat wäre aufgrund eines UN-Beschlusses in Palästina 1948 geboren worden und er hätte ein militärisch starkes Land als Schutzmacht oder gar mehrere Länder als Schutzmächte auf seiner Seite. Wie würden die sehr gut ausgerüsteten Palästinenser reagieren, wenn sie von Juden, die in diesem fiktiven Fall im Gazastreifen existierten, reagieren, wenn sie von da mit Raketen angegriffen worden wären? Da bestände wohl kein großer Unterschied zum jetzigen Verhalten Israels. Damit soll nur gesagt werden, dass kein Volk in der Lage eines anderen besser oder schlechter wäre. Alle sind Menschen und werden – die einen mehr als die anderen – von *national-egoistischen Trieben* und auch teilweise von *extrem-religiösen* oder einem Gemisch von derartigen *Trieben*, die sich so entwickelt haben, wie sie sich nun einmal entwickelt haben, *beherrscht*.

Aufgrund der Erfahrungen mit vergangenen schrecklichen Konflikten könnte es jedoch bei immer mehr Politikern in dieser Region – auch stimuliert von Politkern anderer Staaten – zu einer *Erleuchtung* kommen, wodurch der *Vernunfttrieb* und der *Verantwortungstrieb* der Verantwortlichen gestärkt werden, um eine für beide Seiten akzeptable »Vernunftlösung« zu finden. Wenn sie einmal gefunden worden ist, gilt es, die Bevölkerungen beider Völker für das großartige *Friedensprojet* zu begeistern. Schließlich ist es tausendmal besser, freundschaftliche Beziehungen herzustellen, als sich gegenseitig zu bekämpfen.

Mit dem bisher Geschriebenen im Gedächtnis sollen nun einige Gedanken zu diesem *Friedensprojekt* – von den Realitäten ausgehend – geäußert werden. Nebenbei bemerkt, wenn alle Menschen dieser Erde vom *Vernunfttrieb* geleitet würden, wenn nationalistische, fanatisch-religiöse und sonstige egoistische *Triebe* nie die Oberhand gewinnen könnten, wenn Liebe und Eintracht die Menschen dieser Erde allezeit verbinden würden, wenn... wenn... wenn, da gäbe es gar keine Konflikte und das Miteinander wäre viel einfacher. Da wir jedoch keine Supermenschen sind, sondern von vielen *negativen Trieben* in unseren Entscheidungen geleitet werden, müssen diese bei Problemlösungen mit berücksichtigt werden. Das gilt natürlich und vielleicht auch ganz besonders für das palästinensisch-israelische Problem.

»Supermenschen« könnten sich in dieser Gegend sogar eine Einstaatenlösung vorstellen, d.h. einen Staat, in dem verschiedene Religionen friedlich miteinander auskommen, indem jeder sein Dasein fristet und sich den Politikern – egal welcher Religion sie angehören – anvertrauen können. Es ginge da um einen Staat, in dem es keine Diskriminierung geben kann und alle miteinander respektvoll umgehen. Das ist, wie wir wissen jedoch nicht möglich – jedenfalls noch nicht. Vielleicht wären solche Vorstellungen eines Tages und vielleicht erst einige Generationen weiter realisierbar.

Momentan ist jedenfalls die Einstaatenlösung vom Tisch und die Völkergemeinschaft wie auch die Palästinenser setzen sich immer mehr für eine *Zweistaatenlösung* in Palästina ein. Israel ist aus verständlichen Gründen diesbezüglich sehr zurückhaltend; es zieht da eher den Status quo vor und wünscht sich zunächst einmal, die Anerkennung des Staates Israel von allen Palästinensern und von den arabischen Staaten, die dieses bis heute noch nicht getan haben.

Wenn Israel zu einer *Zweistaatenlösung* bewegt werden soll, erhebt sich natürlich die Frage, welcher Lösung Israel zustimmen könnte; denn es wird ganz bestimmt keine Lösung akzeptieren, wodurch in irgendeiner Weise seine *Sicherheit* aufs Spiel gesetzt wird. Anders ausgedrückt, alle, die an einer Friedenslösung mitarbeiten wollen, sollten sich darüber im Klaren sein, dass auf das *starke Sicherheitsbedürfnis Israels* Rücksicht genommen werden muss.

Wegen des Misstrauens, dass sich im Laufe der Geschichte Israels seit 1948 gegenüber seiner arabischen Nachbarstaaten entwickelt hat (Kriege, Intifadas, Selbstmordattentate etc.) wird Israel höchstwahrscheinlich keiner Schaffung eines palästinensischen Staates zustimmen, das Grenzen zu anderen arabischen Staaten hat; denn dieser dann völkerrechtlich anerkannte, souveräne Staat könnte sich Waffen über die Grenzen holen, sich aufrüsten, den Tag X abwarten und Israel evtl. mit befreundeten arabischen Staaten in die Knie zwingen. Bei einer Zustimmung zu einem solchen Staat würde es für Israel bedeuten, sich so aufrüsten zu müssen, dass es militärisch zu jeder Zeit stärker ist, als alle arabischen Staaten zusammen. Das ergäbe ein irrsinniges Wettrüsten in dieser Region, was nichts Gutes erahnen ließe. Um dieser Befürchtung zu entgehen, müsste also *der Staat Palästina vom israelischen Territorium umgeben* sein.

Manche könnten sich vielleicht einen palästinensischen Staat innerhalb Israels nach dem Vorbild vom Vatikanstaat innerhalb Italiens vorstellen, aber das ist eben wegen Israels Misstrauen gegenüber den Palästinensern nicht machbar. Nie würde Israel zurzeit einen quasi grenzlosen Personen- und Güterverkehr erlauben.

Keinesfalls wird Israel einen »Staat Palästina«, der mörderische Angriffswaffen besitzt oder gar eine starke Militärmacht ist, neben sich dulden. Israel wird nur *eine begrenzte Anzahl von palästinensischen Polizisten in dem palästinensischen Staatsgebiet* zulassen, die imstande sind, für die Sicherheit ihrer Zivilbevölkerung zu sorgen. Um zu erreichen, dass kein echter souveräner Staat Palästina entsteht, wird Israel auf der anderen Seite so manche nach seiner Meinung »schmerzhafte Kompromisse« eingehen müssen. Bei einem solchen Friedensvertrag hätte auf der anderen Seite Israel die Aufgabe, auch das palästinensische Staatsgebiet, falls aus irgendeinem Grund eine Bedrohung entstehen sollte, militärisch zu verteidigen. Für den in diesem Fall etwas *eingeschränkten friedlichen bzw. friedliebenden »Staat Palästina«*, was praktisch fast ein Kompromiss zwischen der Einstaaten-und Zweistaatenlösung wäre, bestände für den »Staat Palästina« der Vorteil darin, kein Geld für eine Waffenrüstung etc. ausgeben zu müssen, und man könnte dann lieber das Geld für eine supermoderne Infrastruktur verwenden, sich komplett um das Wohl der Bevölkerung und den Aufbau eines gesunden Landes konzentrieren, d.h., in Frieden den Wohlstand mehren.

Bei der dann von Spezialisten gefundenen Grenzziehung werden sicherlich so *manche israelische Siedlungen dem palästinensischen Staatsgebiet einverleibt* werden. Den Siedlern sollte es jedoch erlaubt werden, zu entscheiden, ob sie mit einem israelischen Pass in einem palästinensischen Staat weiterleben und weiter wirtschaften möchten, vorausgesetzt es wird von palästinensischer Seite für deren Sicherheit gesorgt. Auf der anderen Seite könnten evtl. auch noch mehr Palästinenser – dann mit einem echten von allen Staaten anerkannten palästinensischen Pass auf israelischem Territorium wohnen und arbeiten als bisher. Hier gäbe es so manche Lösung, um zu einem Einvernehmen zu gelangen.

Falls sich die Palästinenser bei der Grenzziehung benachteiligt fühlen sollten, weil ihnen zu einem Teil unfruchtbares Gebiet, d.h. mehr
Wüstengebiet zuerkannt wird, könnten sie sich damit trösten, dass
auch so manches Wüstengebiet fruchtbar gemacht werden kann,
wie es zum großen Teil von Israel bereits vorgemacht worden ist.

Israel könnte einer *Zweistaatenlösung* zustimmen, wenn der von Israel im 6-Tage-Krieg besetzte und 1980 von ihm annektierte Ostteil
Jerusalem ganz und gar oder wenigstens zum größten Teil als zum
israelischen Staatsgebiet gehörend anerkannt wird.

Um die Palästinenser einigermaßen zufriedenzustellen, könnte ein
neues modernes Jerusalem evtl. mit dem Namen »Neujerusalem«
für die Palästinenser errichtet werden, das sich den Grenzen des
jetzigen Jerusalems anschließt. Gute Architekten der ganzen Welt
könnten an der Stadtplanung beteiligt werden. Vor allem werden
sich alle Staaten finanziell beteiligen, denen viel an einem Frieden
im »Heiligen Land« gelegen ist. Eventuell könnte da auch eine ganz
moderne Universität von internationalem Rang entstehen, an der
Jugendliche der ganzen Welt von unterschiedlicher Weltanschau-
ung studieren und deren Professoren mithelfen, tolerantes Verhalten zu fördern. So würde dann dieses »Großjerusalem«, das wegen
seiner verschiedenen Heiligtümer den Juden, Moslems und Christen viel bedeutet – obwohl durch eine Grenze geteilt, die jedoch
leicht zu passieren sein sollte – zu einer »Weltgroßstadt«, die den
Namen »Friedensstadt« verdient, in die dann aus aller Welt noch
mehr Touristen kommen, die sich in dieser Stadt sicher und wohl
fühlen können und dann von hier gesegnet in ihre Heimat und ihre
Heime zurückkehren.

Der Aufbau des neuen Staates, der sich zu einem modernen weltof-
fenen Staat entwickeln sollte, gibt auch Jugendlichen neue Pers-
pektiven, und die Arbeitslosigkeit würde aufgrund ausländischer
Investitionen drastisch sinken. Die Palästinenser haben diese weltweite finanzielle Unterstützung nötig und weil sie in diesem Fall von

den Maximalforderungen abgerückt sind und auch »schmerzhafte Zugeständnisse« gemacht haben, auch verdient. Die wirtschaftlichen Vorteile für beide Seiten, die eine Friedenslösung mit sich brächte, übertreffen bestimmt noch das, was erahnt werden kann. Es versteht sich von selbst, dass auch die Hamas, falls sie sich als Organisation nicht schon selbst auflösen sollte, Israel als Staat anerkennt und bereit ist, am friedlichen Aufbau Palästinas mitzuarbeiten. Hier ist wohl eine weltweite Diplomatie vonnöten, um die Hamas von den Vorteilen zu überzeugen, die sich aus der Anerkennung des Staates Israels für sie in einem großen Gesamtprojekt ergeben.

Ein besonders schwieriges Problem das angegangen werden muss, sind die so genannten »Heiligen Stätte«. Hier sollten sich die Israelis und die Muslime darauf besinnen, dass sie als gemeinsamen Erzvater den *Vater Abraham* haben und deshalb auch beide »Religionen« als zu den monotheistischen Religionen gehörend den Gott des Vaters Abraham anbeten, egal ob er nun Allah, El Elyon, El Shadaï oder Jahwe genannt wird. Es geht hier um die Anbetung des Höchsten im Universum, um den Allmächtigen. Von dieser Warte müsste auch eine Lösung für den Wiederaufbau des israelischen Tempels gefunden werden, von dem nur noch, wie oben erwähnt, eine Mauer, die so genannte »Klagemauer«, vorhanden ist. Was könnte man sich Schöneres als Symbol der Verehrung des von beiden Seiten gepriesenen Gottes vorstellen, wenn Tempel und Moschee nebeneinander existierten? Auf alle Fälle sollte den Israelis die Möglichkeit eingeräumt werden, einen Tempel zu bauen, der auf irgendeine Weise die Klagemauer mit einbezieht, die ja an die Zerstörung ihres Tempels stark erinnert. Das sollte von den Palästinensern nicht nur gestattet, sondern sogar als etwas Positives betrachtet werden.

Als Nichtjude und Nichtmoslem könnte man sich hier sogar eine Art Verschmelzung der Bauten vorstellen und manchmal sogar gemeinsame »Gottesdienste«, aber das wäre von beiden Seiten wahrscheinlich zu viel verlangt. Vielleicht kommen kommende Generationen sich diesbezüglich näher. Auf alle Fälle wird in einem Friedensabkommen, die uneingeschränkte Gottesanbetung aller Moslems, Juden und Christen an Ihren Kultstätten zu gewährleisten sein.

Aus den o.g. *Sicherheitsgründen Israels* werden die Palästinenser es verstehen müssen, dass sich Israel aus berechtigten Gründen immer dagegen sträuben wird, dass die palästinensischen Flüchtlinge mit all ihren Nachkommen wieder in ihr Ursprungsland zurückkommen können. Wer von den Palästinensern das verstanden hat und versucht, auch anderen zu diesem Realitätssinn zu verhelfen, tut ungeheuer viel Positives für die Schaffung eines eigenen palästinensischen Staates.

Um den Flüchtlingen zu helfen, die noch keine echte Zukunftsperspektive in den Ländern gefunden haben, in denen sie sich aufhalten, wird die Völkergemeinschaft, die ja an einem dauerhaften Frieden in Palästina stark interessiert ist, auf die eine und andere Weise eine gute Lösung zu finden haben, damit sie für das Verlassen ihrer Heimat gut und wenigstens annähernd zufriedenstellend entschädigt werden, falls es bei dem einen und anderen noch nicht geschehen sein sollte.

Ein Grund, warum es noch nicht zu einem echten Frieden in dieser Region gekommen ist, besteht darin, dass bei der einen wie auf der anderen Seite, wie bereits erwähnt, um *religiös-nationale Triebe* bzw. *Gefühle* geht, die eine gewisse *Angst* hervorrufen, Zugeständnisse machen zu müssen und die Erfüllung von Maximalforderungen aufgeben zu müssen. Die Maximalforderungen gehen, um es nochmals zu wiederholen, bei den so genannten »Hardlinern« (oft orthodoxen Juden) so weit, dass sie ganz Palästina als ihr »Heiliges Land« beanspruchen und bei den Palästinensern, dass der israelische Staat ganz und gar aus dieser Gegend verschwinden muss. Gewiss sind diese »Hardliner« auf beiden Seiten in der Minderheit, weil es sich hier um illusorische Vorstellungen handelt. Trotzdem bekommt man den Eindruck, dass auch bei den meisten der beiden Völker die *Angst* besteht, bei einem echten Friedensvertrag, etwas zu zimentieren, was eines Tages große Probleme hervorrufen könnte und man eine Festschreibung der Grenzen etc. eines Tages sehr bereuen könnte.

Sollten also der *Vernunfttrieb* und der *Verantwortungstrieb* durch die verschiedenen Ereignisse der Vergangenheit bis zur Gegenwart immer mehr Menschen auf beiden Seiten gestärkt worden sein bzw. noch gestärkt werden, wodurch auch die politisch Verantwortlichen beider Seiten ergriffen werden und endlich zu einer Lösung des Problems gedrängt werden, gilt es vor allem eine Lösung für die eben beschriebene *Angst* zu finden; denn diese gilt es zu nehmen. Um das zu erreichen, wird es bei einer *Zweistaatenlösung*, wie sie vom geschilderten und augenblicklich realistischen Standpunkt zu erreichen wäre, nur darin bestehen, sie zunächst einmal zeitlich zu befristen – und das auf wenigstens 30 Jahre – am besten natürlich noch länger, auf evtl. sogar 50 Jahre. Wer weiß, wie sich bis dahin alles in der Welt gesetzmäßig entwickelt hat und wie dann die Palästinenser und die Israelis die Situation einschätzen. Natürlich könnte es auch innerhalb der befristeten Zeit mit beiderseitigem Einverständnis hier und da zu Grenzverschiebungen kommen, wenn sie für beide Seiten nützlich sind.

Kurz vor dem Ablauf der gesetzten Frist gilt es, eine Bilanz zu ziehen, um zu schauen, welche Vorteile und eventuelle Nachteile es bis zu diesem Zeitraum gegeben hat, ob man ökonomisch und politisch dann noch mehr und noch besser zusammenarbeiten könnte, usw. usw.. Da gibt es dann bestimmt noch so manche Möglichkeit, eine gute partnerschaftliche Zusammenarbeit auf den verschiedensten Gebieten zu fördern.

Sicherlich wird bei einem gut ausgehandelten Friedensvertrag die Bevölkerung beider Seiten dafür zu begeistern sein, die schließlich nach einer gewissen Zeit in einem Referendum darüber abzustimmen hat. Somit tragen dann die Politiker nicht allein die Verantwortung für dieses große Werk, das vielleicht von vielen oder gar von den meisten als ein großes Wagnis angesehen wird. Es ist dann natürlich wichtig – eigentlich auch selbstverständlich, dass in Elternhaus, Schulen, Universitäten usw. Kinder und Jugendliche beider Völker zur friedlichen Koexistenz erzogen werden.

Ein Friedensvertrag, der wahrscheinlich nur unter den erwähnten Bedingungen möglich ist und der dann natürlich auch zu einer Anerkennung Israels der Länder führen muss, die diese Anerkennung bis jetzt verweigert haben, kommt allen Völkern zugute. Ein solcher kostbarer Frieden wird sich auch vorbildlich auf andere Konfliktregionen der Welt auswirken.

Nachwort

Im Nachhinein soll doch nochmals erwähnt werden, dass der Nahostkonflikt auch schon so manchen Friedensnobelpreisträger hervorgebracht hat; wir denken da an Anwar as-Sadat von Ägypten und Menachem Begin von Israel (1978), die den Friedensvertrag zwischen Ägypten und Israel in die Wege leiteten, an Jassir Arafat von der Palästinensischen Autonomiebehörde sowie Schimon Peres und Jitzchak Rabin von Israel (1994) für ihr Bemühen zu einer friedlichen Lösung des Konflikts im Nahen Osten. Auch wenn ihre Anstrengungen nicht zu einem endgültigen Friedensvertrag zwischen den Palästinensern und den Israelis geführt haben, so lässt es doch wenigstens hoffen, dass die Erkenntnis wächst, dass beide Völker trotz anscheinend unüberbrückbarer Anschauungen bezüglich der Lösung des Problems letztlich doch in einem Boot sitzen, das nicht in den Stürmen untergehen soll. Vor allem wäre es zu begrüßen, wenn es auch bei der Hamas zu einer »Erleuchtung« käme und sie sich zu dem längst fälligen Schritt, Israel als Staat anzuerkennen, durchringen könnte und an einer dauerhaften Friedenslösung aktiv und ohne Vorbehalte mitwirken würde und das mit dem Wissen, dass ein dauerhafter Friede viel köstlicher ist, als das Beharren auf unerfüllbaren Maximalforderungen. Das Herz vieler würde jubeln, wenn die Hamas einen echten Friedensstifter hervorbringen würde, der einst mit Würde einen Friedensnobelpreis entgegennehmen könnte. Wer weiß, ob es nicht doch eines Tages geschieht. Bleiben wir optimistisch!

Quellenverzeichnis

(1) Jüdische Geschichte und Kultur: »Theodor Herzl und der Zionismus«, www.judentum-projekt.de/persoenlichkeiten/geschichte/herzl/

(2) The Balfour Declaration – Nov. 02, 1917 – History.com: www.history.com/this-day-in...the-balfour-declaration

(3) Wikipedia, The Free English Encyclopedia: »British Mandate for Palestine (legal instrument)«, https://en.wikipedia.org/.../British_Mandate_for_Palestine_(legal_instrument)

(4) Mandated Palestine – The beginning of Palestinian resistance, www.ampalestine.org/...british-mandate/349-mandated-palestine-the-beg...

(5) The White Paper 1939: A Despicable Truce, www.adespicable-truce.org.uk/page81.html

(6) Die Unabhängigkeitserklärung vom 14. Mai 1948 – haGalil, www.hagalil.com/israel/independence/azmauth.htm

(7) Khalidi Walid: A Palestinian Perspective on the Arab-Israeli Conflict, Journal of Palestine Studies, Vol. 14, No. 4 (Summer 1985), S. 40 f.

(8) Sharoni Simona, Abu-Nimer Mohammed: The Israeli-Palestinian Conflict, Understanding the Contemporary Middle East, Colorado, Lynne Rienner Publishers, 2000, S. 170 (erwähnt bei Söderblom, A State of Inequity: The UN – Partition Plan of 1947, The Terrorism Intelligence Centre, Canberra, 25 September 2003, S. 5)

(9)Wikipedia, The Free English Encyclopedia: »United Nations Partition Plan for Palestine«, https://en.wikipedia.org/wiki/United_Nations_Partition_Plan_for_Palestine

(10) Länder-Lexikon: www.laender-lexikon.de/Israel_(Geschichte)#19._erste_H.C3.A4lfte_20..C2.A0Jahrhundert

(11) Bard Mitchel Geoffrey: Death to the Infidels – Radical Islam's War against the Jews, Mitchel Bard 2014, St. Martin' Press, New York, S. 38.

(12) U.S. Department of State – Office of the Historian: https://history.state.gov/milestones/1945-1952/arab-israeli-war

(13) Eine genaue Statistik scheint es da nicht zu geben; verschiedene Angaben bei Wikipedia, Die freie Enzyklopädie: https://en.wikipedia.org/wiki/Estimates_of_the_Palestinian_Refugee_flight_of_1948

(14) www.forcedmigration.org/research-resources/expert-guides/palestinian-refugees-in-Jordan/fmo025.pdf

(15) Liebermann Benjamin: Terrible Fate: Ethnic Cleansing in the Making of Modern Europe, Rowman & Littlefield, Lanham, Maryland, S. 261

(16) Wikipedia, Die freie Enzyklopädie: »Nahostkonflikt«, https://de.wikipedia.org/wiki/Nahostkonflikt#Pal.C3.A4stinakrieg-1948.2F49

(17) Deutsch-Israelische Gesellschaft e.V. Arbeitsgemeinschaft Nürnberg-Mittelfranken, Art. »Fragen zum Friedensprozess«, www.dig-nbg-mfr.org/index.php/geschichte/fragen-zum-friedensprozess

(18) Wikipédia, L'encyclopédie libre: »Crise du canal de Suez«, https://fr.wikipedia.org/wiki/Crise_du_canal_de_Suez.

(19) Art. »Suezkrise«, www.uni-protokolle.de/Lexikon/Suez-Krieg.
html

(20) »Suez Canal Crisis«, http://novaonline.nvcc.edu/eli/evans/
his135/events/suez56.htm

(21) Middle East – UNEF 1 Background, www.un.org/en/peace-
keeping/missions/past/unef1backgr2.html

(22) Jewish Virtual Library, »Myths & Facts, Behauptungen und Tat-
sachen: Der Sechs-Tage-Krieg von 1967«, www.jewishvirtuellibrary.
org/jsource/German:SechsTageKriegvon1967.html

(23) Wikipedia, Die freie Enzyklopädie: »Nahostkonflikt«, https://
de.wikipedia.org/wiki/Nahostkonflikt#Sechstagekrieg_1967_und_
seine_Folgen

(24) Khartoum Declaration, September 1, 1967 (Full Text), http://
middleeast.about.com/od/documents/qt/Khartoum-declara-
ton-1967.htm

(25) HISTORYNET, »The Arab-Israeli War of 1973: Honor, Oil, and
Blood«, www.historynet.com/the-arab-israeli-war-of-1973-honor-
oil-and-blood.htm

(26) U.S. DEPARTEMENT OF STATE, Office of the HISTORIANS,
https://history.state.gov/milestones/1969-1976/oil-embargo; Zeitgeschichte Online, Art. »Der Krieg und das Öl«, www.zeitgeschich-
te-online.de/kommentar/der-krieg-und-das-oel

(27) Operation Litani (1978), www.ynetnews.com/articles
/0,734,L-3686831,00.html

(28) Wikipedia, The Free Encyclopedia, »1982 Lebanon War«, https://
en.wikipedia.org/wiki/1982_Lebanon_War

(29) Wikipedia, Die freie Enzyklopädie: »Nahostkonflikt«, https://de.wikipedia.org/wiki/Nahostkonflikt#Zweiter_Libanon_Krieg_2006

(30) DiePresse.com, Außenpolitik, Art. »Krieg der Steine: Als die erste Intifada begann«, http://diepresse.com/home/politik/aussenpolitik/1320575/Krieg-der-Steine_Als-die-erste-Intifada-begann

(31) Les clés du Moyen-orient, Art. » Intifada Al-Aqsa, de son Déclenchement en 2000 à l'année 2002 «, www.lesclesdumoyenorient.com/Intifada-al-Aqsa-de-son.html

(32) Wikipedia, Die freie Enzyklopädie, »Nahostkonflikt«, https://de.wikipedia.org/wiki/Nahostkonflikt#Zweite_Intifada_2000

(33) FAZ.NET, www.faz.net/aktuell/politik/ausland/nach-wahlsieg-der-hamas-fatah-regierung-tritt-zurueck-1301658.html

(34) AREF-News, www.aref.de/news/allgemein/2007/pa_einheitsregierung-beschlossen.htm

(35) Wikipedia, The Free Encyclopedia, Art. »Operation Summer Rains«, https://en.wikipedia.org/wiki/Operation_Summer_Rains

(36) Wikipedia, Die freie Enzyklopädie, »Fatah-Hamas-Konflikt«, https://de.wikipedia.org/wiki/Fatah-Hamas-Konflikt

(37) Kölner Stadtanzeiger, Art. »Hamas: Gottesstaat nach Vernichtung Israels«, www.ksta.de/politik/hama--gottesstaat-nachvernichtung-israels,15187246,13419986.html

(38) Wikipedia, Die freie Enzyklopädie, »Nahostkonflikt: Krieg im Gazastreifen 2008«, https://de.wikipedia/wiki/Nahostkonflikt#Krieg_im_Gazastreifen_2008

(39) Israelnetz: Art. »Operation Wolkensäule«, www.israelnetz.com/hintergrund/detailansicht/aktuell/operation-wolkensaeule-21515/

(40) Zeitgeschichte Online, Art. »Der Krieg und das Öl«, www.zeitgeschichte-online.de/kommentar/der-krieg-und-das-oel

(41) U.S. DEPARTEMENT OF STATE, Office of Historians, https://history.state.gov/milestones/1977-1980/camp-david

(42) Ibid.

(43) U.S. DEPARTEMENT OF STATE, Office of Historians, https://history.state.gov./milestones/1989-1992/madrid-conference

(44) Ibid.

(45) The Golan Heights – Israel Ministry of Tourism, www.goisrael.com/Tourism_Eng/TouristInformation/DiscoverIsraelGeographic-Regions/PagesTheGolanHeights.aspx

(46) Wikipedia, The Free Encyclopedia, https://en.wikipedia.org/wiki/Oslo_1_accord

(47) Wikipedia, The Free Encyclopedia, https://de.wikipedia.org/wiki/Fatah

(48) Wikipedia, The Free Encyclopedia, https://en.wikipedia.org/wiki/Protocol_on_Economic_Relations

(49) Wikipedia, Die freie Enzyklopädie, »Oslo-Friedensprozess«, https://de.wikipedia.org/wiki/Oslo-Friedensprozess

(50) Les clés du Moyen-Orient, Art. » Oslo II ou Accords de Taba «, www.lesclesdumoyenorient.com/Oslo-II-ou-accords-de-Taba.html; Jewish Virtual Library, »Israel-Palestinian Negociations: Interim

Agreement on the West Bank and the Gaza Strip (Oslo II)«, www.jewishvirtuallibrary.org/jsource/Peace/interim.html

(51) Israel Ministry of Foreign Affairs, »Israel-PLO Permanent Status Negotiations-Joint Communique«, www.mfa.gov.il/mfa/foreignpolicy/peace/guide/pages/israel-plo_permanent_status_negociations-joint_c.aspx

(52) Wikipedia, Die freie Enzyklopädie, »Wye-Abkommen«, https://de.wikipedia.org/wiki/Wye-Abkommen; The Wye River Memorandum – UNSCO, www.unsco.org/Documents/Key/The_Wye_River_Memorandum.pdf

(53) Israel Minister of Foreign Affairs, Volume 17: 1998-1999, 93. Cabinet communique – 19 November 1998, http://mfa.gov.il/MFA/ForeignPolicy/MFADocuments/Yearbook12/Pages/93_Cabinet_communique-_19_November_1998.aspx

(54) University of California Press, Journal of Palestine Studies, Vol. 29, N° 2 (Winter 2000) www.jstor.org/stable/2676552?seq=1#page_scan_tab_contents

(55) Wikipedia, The Free Encyclopedia, »2000 Camp David Summit«, https://en.wikipedia.org/wiki/2000_Camp_David_Summit; Nigel Parry, The Electronic Intifada »Misrepresentation of Barak's Offer at Camp David as 'generous' and 'unprecedented'«, https://electronicintifada.net/content/misrepresentation-baraks-offer-camp-david-generous-and-unprecendented/3991; David Shyovitz »2000 Camp David Summit: Background & Overview«, www.jewishvirtuallibrary.org/jsource/Peace/cd200art.html

(56) Wikipedia, The Free Encyclopedia, »2002 Arab League summit«, https://en.wikipedia.org/wiki:2002_Arab_league_summit

(57) SWI swissinfo.ch, »Genfer Initiative zeigt neuen Weg zum

Frieden auf«, www.swissinfo.ch/ger/genfer-initative-zeigt-neu-en-weg-zum-frieden-auf/3634158; Wikipedia, Die freie Enzyklopädie, »Genfer Initiative«, https://de.wikipedia.org/wiki/Genfer_Initiative

(58) Wikipedia, The Free Encyclopedia, »Israeli disengagement from Gaza«, https://en.wikipedia.org/wiki/Israeli_diengagement_from_Gaza

(59) Ibid.

(60) Carter Jimmy, »We can have peace in the Holy Land«, Simon & Schuster, New York 2009, S.70 f.

(61) Makovsky David, »Olmert's Unilateral Option«, Policy Focus#55 / Mai 2006, Patrick Clawson, Series Editor, S.13 f.

(62) Ibid. S.22 f.

(63) Wikipedia, The Free Encyclopedia, »2010-11 Israeli – Palestinian peace talks«, https://en.wikipedia.org/wiki/2010-11_Israeli_Palestinian_peace_talks

(64) tagesschau.de-Archiv, »Und wieder ein historischer Anlauf gescheitert« – Dezember 8. 2010, https://tsarcive.wordpress.com/2010/12/08usaisrael108/

(65) Wikipedia, The Free Encyclopedia, »2013-14 Israeli – Palestinian peace talks«, https://en.wikipedia.org/wiki/2013-14_israeli_Palestinian_peace_talks

(66) Norell Magnus: A Dissenting Democracy – The Israeli Movement 'Peace Now', Routledge, New York 2013, S.85

(67) haGalil.online.com, »Jüdisches Leben online«, www.hagalil.
com/palestina/nahost/flucht.htm

(68) Die Welt, »Ariel, eine Stadt zwischen den Völkern«, www.welt.
de/plitik/ausland/article4278714/Ariel-eine-Stadt-zwischen-zwei-
Völkern.htlm

(69) tagesschau.de, »Israels Siedlungspolitik und die Pläne für E1«,
www.tagesschau.de/ausland/israel-siedlungspolitik100.html;

(70) The Electronic Intifada, »Roadblocks cripple West Banc eco-
nomy«, https://electronicintifada.net/content/roadblocks-cripp-
le-west-banc-economy/7626

(71) Wikipedia, The Free Encyclopedia, »Israeli West Bank barrier«,
https://wikipedia.org/wiki/Israeli_West_Bank_barrier

(72) International Business Times, »Israel: Al-Aqsa Mosque 'Will be
Replaced by Jewish Temple' Claims Housing Minister Uri Ariel«,
www.ibtimes.co.uk/israel-al-aqsa-mosque-will-be-replaced-by-je-
wish-temple-claims-hausing-minister-uri-ariel-1473141

(73) Das Palästina Portal, »Jerusalem – Hauptstadt zweier Staaten – Palästina – Israel – 1«, www.palestina-portal.eu/texte/Jeru-
salem.htm

(74) AL ARABYA NEWS, »Arabs erred in rejecting the U.N. 1947
partition plan«, www.alarabiya.net/articles/2011/10/29/174249.html

(75) The Times of Israel, »Bill Clinton: Israel offered Temple Mount
to Palestinians in 2000«, www.timesofisrael.com/bill-clinton-pales-
tinians-were-offered-temple-mount-in-2000/

(76) haGalil.com, »Jedem Durchbruch folgt stets ein Abbruch: Was bleibt
von Taba nach der Wahl?«, www.hagalil.com/archiv/2001/02/taba.htm

(77) Der Tagesspiegel, »Nahost-Friedensverhandlungen: Krise bei Gesprächen in Taba«, www.tagesspiegel.de/politik/nahost-friedensverhandlungen-krise-bei-gespraechen-in-taba/197714.html

(78) Matz David, »Trying to Understand the Taba Talks«, Palestine-Israel Journal, www.pij.org/details.php?id=32

(79) Wikipedia, The Free Encyclopedia, »Taba Summit«, https://en.wikipedia.org/wiki/Taba_Summit

(80) AL ARABYA NEWS, »Arabs erred in rejecting the U.N. 1947 partition plan«, www.alarabiya.net/articles/2011/10/29/174249.html

(81) HAARETZ, »PA Rejects Olmert's Offer to Withdraw From 93% of West Bank«, www.haaretz.com/news/pa-rejectsolmert-s-offer-to-withdraw-from-93-of-west-bank-1.251578

(82) Audiatur Online, »Olmerts ‚Friedenspartner' kann keiner sein – er hat kein Mandat«, www.audiatur-online.ch/2012/04/16/olmerts-friedenspartner-kann-keiner-sein-er-hat-kein-mandat/

(83) Ibid.

(84) CSS Analysen zur Sicherheitspolitik, ETH Zürich, Nr. 25, Dezember 2007 2. Jahrgang, »Nach Annapolis: Fragiler Friedensprozess im Nahen Osten«, S. 2f, www.css.ethz.ch/publications/pdfs/CSS-Analysen-25.pdf

(85) The Electronic Intifada, Art. von Leila Farsakh »Israel-Palestine: Time for a bi-national state«, https://electronicintifada.net/content/israel-palestine-time-bi-national-state/6821; »History of Israel« von C.NOOIJ, Teil XXI; The British Mandate of Palestine, http://historyofisrael.weebly.com/deutsch.html

(86) Yitzhak Rabin in »The Jerusalem Post« (weekly international Edition) 23. April 1994, erwähnt bei Lehmann Pedi D.: Suche nach Sicherheit: Israel und der Friedensprozess in Nahost, Springer Fachmedien Wiesbaden GmbH 2001, S. 208

(87) Jewish Virtual Library, »U.N. Security Council: The Meaning of Resolution 242«, https://www.jewishvirtuallibrary.org/jsource/UN/meaning_of_242.html

(88) CBSNEWS, »Netanyahu: Israel open to 'painful compromises'«, www.cbsnews.com/news/netayahy-israel-open-to-painful-compromises/

(89) Z.B. die Gedanken des prominenten palästinensischen Philosophen *Sari Nusseibeh*, die er in dem Spiegel-Interview vom 18. Februar 2012 geäußert hat, www.spiegel.de/spiegel/print/d-84061043.html; vergl. die Ideen von Danny Rubinstein, einem sehr prominenten israelischen Journalisten, erwähnt in dem Art. Von Lisa Goldman bei 972mag.com, veröffentlicht am 22. November 2010, »Is it too late for a two-state solution?«, http://972mag.com/is-it-too-late-for-a-two-state-solution/5225/

(90) erwähnt bei Jimmy Carter, »We can have peace in the Holy Land«, S.163

(91) Ibid., S.164